SHANGHAI TUIJIN
GONGJICE JIEGOUXING GAIGE
ZHONG DE
SHUIFEI WENTI YANJIU

上海推进供给侧结构性改革中的税费问题研究

陈明艺 著

复旦大学出版社

前 言

2012年以来,我国处于经济结构调整和经济下行压力加大的发展阶段,大量企业经营业绩下滑、经营状况堪忧,企业家提出税费负担偏重,直接增加了经营成本。关于企业税费负担是否偏重、是否抑制了企业生存和发展的话题广泛引起学者、实业界的争论。2017年万得的一份研究报告指出,2016年全国省(区、市)的生产税比重集中在13%～20%,排名前四的高税负省(区、市)分别为云南、上海、陕西和广西,增加值税负率分别为20.26%、20.01%、19.68%和19.24%。我国经济增长居前的北京、上海、广州、深圳以及杭州等大城市,只有上海的企业税负在大城市中位居前列;2017年以来,上海始终致力于再优化营商环境,缓解上海生活费用、公司经营费用高对企业发展的抑制作用,税负位居全国前列令人颇感意外。自2015年我国开始供给侧结构性改革,上海积极推行和实施相关政策,在这一背景下,测算上海的企业税费负担,找出症结,以深化供给侧结构性改革,降低企业税负,对于提升上海竞争力和发展尤为必要和迫切。

与此同时,以美国为代表的减税改革已在全球逐步展开,降低企业经营成本、激励企业发展、增加就业是大势所趋。为此,本书在国内外研究的基础上,从企业这一微观主体的角度切入,从理论和实践两个维度,测算上海的企业实际承担的税费负担,研究形成税费负担的各项因素,提出优化减税降费政策、降低企业税费负担、增强企业发展活力的政策建议。本书研究主要包括以下四个方面。

第一章导论部分界定了本书的研究对象和重要的基本概念,梳理了相关的文献并作简要评述,介绍了基本的研究方法和研究结论。

第二章重点从理论上分析税收对经济的影响,包括宏观(微观)效应,税收负担的衡量标准,税负转嫁与归宿,以及非税负担的主要内容——公共收费的内涵及其对经济的影响。从宏观经济、税负理论和非税负担等方面,阐述了税费负担的内涵和外延及其影响,为减轻企业税费负担提供理论依据。

第三章简要介绍和分析了国际上主要国家和国际组织衡量税费负担的标准及其现实情况,为后续分析上海的企业税费负担提供国际经验和借鉴。

第四章选取上海的上市公司为样本,采用财务报表的数据测算上海上市公司的微观税负。本书使用流转税税负、总税负、所得税税负三大类五项指标测算上市公司中分别属于国有企业、非国有企业,以及第二产业、第三产业的企业税收负担。结果发现:①所有权性质不同的企业存在税负差异;②第二、第三产业的企业税负存在差异;③企业规模越大,承担的税负越重。之后再具体分别采用数理统计和计量模式展开研究。

第五章根据数据的可得性,从政府的一般公共预算收入、政府性基金收入、社会保险基金收入中获取信息,推算企业承担的非税负担。结果发现:①上海非税收入占比呈小幅下降趋势,但是非税收入规模依旧逐年递增。②上海企业承担的社会保险费偏高,

2012年以来一直位居全国前列。这是上海企业税费负担偏重的主要原因。

第六章基于上述研究结果,提出进一步降低上海企业税费负担的思路和政策建议。基于我国国际国内双循环的发展趋势、"十四五"规划方案,本书提出进一步降低上海企业税费负担的政策建议,主要从增值税、所得税、自贸区改革、清费降费、试点社会保险税五方面提出了具有操作性的政策建议。

本书是在笔者主持并已结项的2017年上海哲学社会科学规划系列课题——持续深化上海供给侧结构性改革研究系列之五:进一步降低上海企业税费负担问题研究(2017XAF005)课题基础上拓展和修改而成。2017年以来,笔者和团队成员就这一主题持续展开研究,取得了一些成果。但是必须指出的不足在于:由于时间、经费所限,难以展开大范围的实地调研和问卷调查工作;难以从公开渠道获取非上市公司缴纳税费的具体数据。基于此,本书以上市公司公开披露的财务报表数据为基础研究上海的企业税费负担,测算结果只能突出重点反映上海的企业税费情况,难以反映全貌,结论具有一定的局限性。今后笔者将继续关注中小微企业、规模以上企业的税费负担问题,为进一步降低企业税费负担、提升竞争力、推动上海供给侧结构性改革展开深入研究。

此外,书中引用了不少已有的研究成果,虽尽量一一列示,但仍有可能出现纰漏,敬请海涵。因为专业水准所限,书中错误、不足之处恳请各位读者批评指正。

目 录

第一章 导论 ··· 1
  第一节 研究背景和意义 ··································· 1
  第二节 基本概念的确定 ··································· 6
  第三节 研究综述 ·· 10
  第四节 研究内容与结论 ··································· 21

第二章 减税降费的理论探讨 ································· 29
  第一节 税收的经济影响 ··································· 30
  第二节 税收负担的确定 ··································· 42
  第三节 税收负担的转嫁与归宿 ························· 52
  第四节 公共收费及其对企业的影响 ··················· 56

第三章 世界主要国家税费负担经验借鉴 ················ 63
  第一节 OECD 主要国家税负比较 ······················ 64
  第二节 美国税改历程及税收负担分析 ················ 70
  第三节 主要国家社会保险税经验与启示 ············· 74

第四章 上海企业的税收负担 ································ 81
  第一节 国有、非国有上市公司企业税负比较分析 ········ 82

第二节　第二、第三产业上市公司税负比较分析 ……… 91
　　第三节　异质类企业税收负担的比较研究——基于
　　　　　　上海上市公司样本 ……………………………… 99

第五章　上海企业的非税负担 ………………………………… 117
　　第一节　非税收入与企业非税负担 ……………………… 117
　　第二节　政府性基金与企业非税负担 …………………… 128
　　第三节　社会保险费与企业非税负担 …………………… 133
　　第四节　经营服务性收费与企业非税负担 ……………… 150

第六章　为企业而减税降费 …………………………………… 154
　　第一节　进一步降低企业税费负担的思路 ……………… 155
　　第二节　多维度激励企业转型升级,进一步降低企业
　　　　　　税收负担 ………………………………………… 160
　　第三节　多层次优化营商环境,进一步清费降费 ……… 181
　　第四节　积极申请试点社会保险税 ……………………… 190

附录 ……………………………………………………………… 198
　　附录1　税负异常之案例分析——界龙实业 …………… 198
　　附录2　企业社保费测算——以美邦服饰和东方
　　　　　　航空为例 ………………………………………… 201
　　附录3　上海市2019年行政事业性收费项目目录清单
　　　　　　…………………………………………………… 206

参考文献 ………………………………………………………… 208

后记 ……………………………………………………………… 218

第一章
导　论

第一节　研究背景和意义

一、研究背景

在我国近40年的经济高速增长阶段，税制改革如影随形，逐步形成了与经济社会发展相适应、与强化国家治理能力相衔接的税收制度体系，在调节收入分配、优化经济结构、提升国家治理能力等方面发挥了重要作用。这其中，从供给侧视角切入，可将中国税制体系改革分为三个阶段：第一阶段以20世纪80年代"利改税"为标志，引领了我国工商税制的全面调整，发挥了税收在经济领域中的调节作用，促进了我国经济建设的发展。第二阶段是1994—2012年的财税体制全面改革。以1994年分税制改革为新起点，各税种进行了优化调整，如2005年取消农业税，2008年内外资企业所得税合并，2011年个人所得税改革等，为促进社会经济发展作出了突出贡献。第三阶段是2013年至今，以"营改增"为起点，逐步建立了基于国家治理机制的现代税制。从2012年开始的"营改增"到2016年增值税全面取代营业税,以及2016年以来对于增值税不断的深化改革,如小规模纳税人标准调整、增值税税率调低等措施,在微观层面增强了纳税人的获得感,有助于激励创新和稳定就业;在宏观层面释放出积极信号,是宏观政策支持稳增长、保就业、调结构的重要推动力。

但是随着2012年以来我国经济增长趋缓,结构性矛盾凸显,企业经营状况堪忧,大部分企业利润率不到10%,税费负担是否过重的问题引发学界和企业家们的广泛争论。在这一背景下,2015年,我国推行了"供给侧结构性改革",以"去产能、去库存、去杠杆、降成本、补短板"为细则的五大任务成为各地区新政策的着力点,其中税收政策将主要影响去产能、去库存、降成本三大任务以及相关行业。国务院2017年第一次常务会议上,李克强总理提出,企业的非税负担过重。据此,首先需要明确的是税收负担和非税负担的基本概念。我国财政收入包括税收收入和非税收入,非税收入主要包括行政事业性收费、政府性基金、国有资本经营收益等。总体而言,我国财政收入中90%来自企业。因此,对于企业而言,凡其上交、纳入财政收入范畴的税费,都是其负担,也即"税费负担"。本书即基于微观层面,研究企业的税费负担问题。

在2008—2019年《营商环境报告》排名中,中国总体排名快速上升,税收营商环境整体向好,但是"总税率及社会缴费率"这一比例则是在波动中继续上升,在世界主要经济体中排名靠后。自2015年开始,世界银行以北京和上海为样本测算中国营商环境,上海占比55%,北京占比45%,由此,可推算出上海企业的税费负担偏重。2018年,国盛证券一份研究报告指出,2016年全国省区市的生产税比重集中在13%~20%,排名前四的高税负省级行政区分别是云南、上海、陕西和广西,增加值税负率分别为20.26%、

20.01%、19.68%和19.24%。东部沿海经济发达的省(区、市)中只有上海排名靠前。这再次引起了学界和实务领域的广泛讨论,也引起了笔者的思考。

上海因为经济发达、营商环境良好,一直是中国税制改革的试点地区。例如,2011年上海和重庆试点新房产税,2012年"营改增"首批试点的9个省(区、市)也包括上海。"营改增"试点的目标之一是降低企业税负,促进产业转型升级。那么,为何上海的企业税费负担在全国位居前列呢?是总税负偏重还是所得税税负偏重?原因是什么?如何降低企业税费成本?带着这些问题,笔者自2017年起展开了深入研究。

党的十九大报告指出,我国经济已由高速增长阶段转向高质量发展阶段,正处在转变发展方式、优化经济结构、转换增长动力的攻关期。上海作为全国改革开放排头兵、创新发展先行者,为了实现2035年远景目标、引领长三角一体化,正在加快建设"五大中心",全力打响"四大品牌",以高质量发展的目标引领经济社会稳步发展。这其中,企业是否低成本、高效运营,是否充满活力和竞争力至关重要。

基于以上信息,结合调研信息后发现,上海的企业税费问题与全国其他地区相比,具有自身的特点,主要包括以下三点:①上海的企业因行业不同、所有权结构不同、规模不同而导致税费负担存在差异。目前已有资料显示,传统行业税费负担率较高,税收优惠政策主要集中在高新技术领域,所有权结构不同导致同一行业的企业税负不同。②企业税费负担可能存在"税减费升"的跷跷板效应。经过历年来的清费降费改革,行政事业性收费项目和标准都在下降,但是服务经营性收费项目的清理进展缓慢,制度性隐性成本高。③上海企业社会保险费的缴费负担过重。上海的社会保险,尤其是养老保险基金的缴费基数位居全国前列,因此,即使缴费比例下调至 16%,企业缴费规模仍在上升。在经济下行压力加大的情况下,社保费显著增加了上海企业的经营成本,进而影响企业竞争力。基于以上问题,本书将基于已有的税收理论,拓展相关理论分析,以上市公司为样本,分别从企业缴纳的税收、规费两方面展开研究。

二、研究意义

改革开放以来,上海的社会经济发展始终位居全国前列。2035 年,上海要建设成为国际经济、金融、贸易、航运、科技创新中心和文化大都市,国家历史文化名城,并将建设成为卓越的全球城市、具有世界影响力的社会主义现代化国际大都市[①]。为此,需要更好地扩大开放和深化改革,激发市场活力。企业是市场经济的基础和核心,测算企业的实际税费负担,找到上海企业税费负担偏重的原因,进而优化和调整,对于实现上海新时代的目标至关重要。近年来,上海在提升营商环境方面做了巨大努力和贡献,整体情况位居国内前列。企业的税费负担是衡量一国(或地区)营商环境的重要指标之一。企业税费负担偏重显然不利于企业经营,这对于以企业经营为主的上海经济将产生何种影响,是必须引起重视和研究的问题。因此,分析检验上海企业税负的大小,找出影响因素,进而提出解决方案,对于提升上海竞争力显得尤为迫切和必要。

(一) 理论意义

衡量企业税收负担、激励企业发展、提升国家竞争力一直是各

---

① 《上海市城市总体规划(2017—2035 年)》,参见上海市人民政府网。

国公共经济学领域中的研究重点。由于国家之间的差别,在明确了衡量宏观税负、微观税负的基本原则和理论的基础上,在具体概念、指标口径等方面,国内外学者始终存在分歧,尤其国内理论界、实务界也在争论之中。上海是国际货币基金组织衡量中国税收负担的两个样本城市之一(另一个城市为北京),确定的原则和选取的指标考虑了国内外差异。本书以上海的上市公司为研究对象,正是既基于税收理论的深化和应用,又兼顾中国税费负担的特殊性,目的在于拓展我国确定税费负担的理论基础,并为实践提供理论指导。

为此,本书在梳理国内外已有研究成果的基础上,以问题为导向,从税费负担的理论基础入手,阐释我国税费负担的内涵和外延以及税收对宏观经济和微观经济的影响效应,确定上海的税费负担概念、指标和衡量口径,为深化我国供给侧结构性改革提供上海样本,为我国财政治理理论增加区域财税治理的理论分析。

(二) 现实意义

针对企业税费负担高低与否这一社会焦点问题,笔者选取上市公司为样本,通过实地调研、数理分析、实证检验、专家座谈等方式,得出明确结果。翔实的数据、清晰的检验结果通过学术期刊、报纸等途径向社会公众传递了较为客观的研究成果。本书提出的政策建议不仅有利于社会公众了解税收政策效应,而且提供了企业降低税费的具体方案。

税负水平是税收政策的核心,合理的测算对政府制定可行的税收政策和保证足够的政府财力履行职能有着毋庸置疑的意义。在分析了与税收收入相关的基本定义、税负归宿理论、公共收费的基本含义之后,能够明确的是,政府代表国家征收的税收收入、公共收费都形成了纳税人的负担。因此,研究税费负担水平对于考量一国的经济发展情况、纳税人税负高低及未来发展趋势都十分重要。

第二节 基本概念的确定

税收是政府为了满足社会公共需要,凭借政治权力按法定标准向社会成员强制、无偿地征收而取得的一种财政收入,它是各国政府取得财政收入的最基本形式[①]。财政收入是政府部门的公共收入,是国民收入分配中用于保证政府行使公共职能、实施公共政策以及提供公共服务的资金需求的部分,是政府部门在一定时期(一般为一个财政年度)内所取得的货币收入。目前,国际上按照政府获取收入的形式不同将财政收入划分为四类:税收收入,国有资产收益,公债收入,以及公共收费。以下基于我国财政预算管理体制,从政府收入着手,将上海的企业承担的税费负担分为政府的税收收入、广义非税收入两类,具体进行分析。

一、政府收入

根据我国财政预算管理体制,结合国际同行的分类方法,我国的政府收入分为税收收入、社会保险基金收入、非税收入、贷款转贷回收本金收入、债务收入和转移性收入等几大类。由企业承担的政府收入主要是税收收入、非税收入和社会保险基金收入,考虑

---

① 蒋洪,朱萍.公共经济学(财政学)[M].上海:上海财经大学出版社,2006.

到社会保险基金收入属于公共资金又不是税收,将其纳入非税收入,即广义的税收收入。企业需要缴纳的政府收入项目分类整理后如表1-1所示。

表1-1 政府收入分类与企业缴费对照表

<table>
<tr><td colspan="2">政府收入</td><td>企业缴纳部分</td></tr>
<tr><td>税收收入</td><td>增值税、企业所得税、个人所得税、城市维护建设税、房产税、印花税、城镇土地使用税、土地增值税、车船税、耕地占用税、契税</td><td>增值税、企业所得税、城市维护建设税、房产税、印花税、城镇土地使用税、土地增值税、车船税、耕地占用税、契税、环境保护税</td></tr>
<tr><td rowspan="4">广义非税收入</td><td>纳入一般公共预算部分</td><td rowspan="3">涉企行政事业性收费、涉企政府性基金、社会保险费等</td></tr>
<tr><td>政府性基金预算收入</td></tr>
<tr><td>社会保险基金预算收入</td></tr>
<tr><td>国有资本经营预算收入</td><td>利润、股利、股息、清算等</td></tr>
</table>

如表1-1所示,企业缴纳的税收主要包括增值税、企业所得税、城市维护建设税、房产税、印花税、城镇土地使用税、土地增值税、车船税、耕地占用税、契税、环境保护税,缴纳的费用主要包括行政事业性收费、政府性基金、社会保险费等。本书将企业缴纳的这些税收、非税项目对应的金额总和称为企业的税费负担。

依据非税收入组成项目的不同,一般将中国的非税收入按照大、中、小三个口径进行统计分析。其中:小口径非税收入是指一般公共预算中的非税收入,包括专项收入、行政事业性收费、罚没收入、国有资源有偿使用收入及其他;中口径非税收入一般与财税〔2016〕33号《政府非税收入管理办法》的界定相同,包含小口径非税收入以及一般公共预算外的政府性基金和国有资本经营收入;大口径非税收入是指除税收收入以外的政府收入,即在中口径非税收入的基础上加入了社会保险费、住房公积金(计入缴存人个人账户部分)。

二、企业缴纳的非税项目

根据2014年第一次修正后的《中华人民共和国预算法》,政府预算收入包括一般公共预算收入、政府性基金预算收入、国有资本经营预算收入、社会保险基金预算收入(亦被称为"四本账")。以上海2019年预算体系为例,将大口径非税收入按照这"四本账"进行分类,列出政府非税收入与企业缴纳费用、涉及的利润、股利、利息及清算等对照表(见表1-2)。一般公共预算中的非税收入包括专项收入、行政事业性收费收入、国有资源(资产)有偿使用收入、政府住房基金收入、其他收入,其中约80%的项目由企业缴纳。政府性基金中,除彩票公益金收入、彩票发行销售机构业务费收入之外,其他则主要由企业缴纳。社会保险基金中,企业缴纳的为养老保险、医疗保险、失业保险、生育保险、工伤保险部分。国有资本经营预算与国有企业的利润、股利、股息、清算等有关,这一类上缴资金则主要来自国有资本形成的非税收入,本书讨论的企业税费是指国有、非国有企业均缴纳的税费项目。基于数据的可得性,本书将企业缴纳的非税项目主要分为涉企收费和社会保险费两部分展开研究。

表1-2 上海非税收入项目与企业缴纳部分对照表

政府预算	非税收入项目	其中企业缴纳的非税项目
一般公共预算	(1) 专项收入:①教育费附加收入;②地方教育费附加收入;③文化事业建设费收入;④残疾人就业保障金收入;⑤教育资金收入;⑥农田水利建设资金收入;⑦水利建设专项收入;⑧新增建设用地土地有偿使用费收入;⑨其他专项收入 (2) 行政事业性收费收入 (3) 国有资源(资产)有偿使用收入	(1) 教育费附加 (2) 地方教育费附加 (3) 文化事业建设费 (4) 残疾人就业保障金 (5) 教育资金 (6) 农田水利建设资金 (7) 水利建设基金 (8) 行政事业性收费 (9) 国有资源(资产)有偿使用费

(续表)

政府预算	非税收入项目	其中企业缴纳的非税项目
一般公共预算	(4) 政府住房基金收入 (5) 其他收入	(10) 政府住房基金
政府性基金预算	(1) 城市公用事业附加收入 (2) 国有土地使用权出让收入 (3) 国有土地收益基金收入 (4) 农业土地开发资金收入 (5) 彩票公益金收入 (6) 城市基础设施配套费收入 (7) 车辆通行费收入 (8) 港口建设费收入 (9) 彩票发行销售机构业务费收入 (10) 污水处理费收入 (11) 其他政府性基金收入	(1) 国有土地使用权出让收入 (2) 国有土地收益基金收入 (3) 彩票公益金 (4) 农业土地开发资金 (5) 城市基础设施配套费 (6) 车辆通行费 (7) 港口建设费 (8) 彩票发行销售机构业务费 (9) 污水处理费 (10) 其他政府性基金
社会保险基金预算	(1) 企业职工基本养老保险基金收入 (2) 城乡居民基本养老保险基金收入 (3) 机关事业单位基本养老保险基金收入 (4) 职工基本医疗保险基金收入 (5) 城乡居民基本医疗保险基金收入 (6) 工伤保险基金收入 (7) 失业保险基金收入	(1) 养老保险 (2) 医疗保险(包括生育保险) (3) 失业保险 (4) 工伤保险
国有资本经营预算	(1) 利润收入 (2) 股利、股息收入 (3) 产权转让收入 (4) 清算收入 (5) 其他国有资本经营预算收入	利润、股利、股息、清算等

资料来源:上海市财政局官网公布的上海2019年一般公共预算收入预算表、政府性基金收入预算表、国有资本经营收入预算表、社会保险基金收入预算表等。

三、宏观税负与微观税负

税费负担即广义的税收负担,是指政府征收的税收收入与非税收入之和占国民经济总量的比重,通常考察的是一国(地区)整体的税费负担。狭义的税收负担是指税收收入占可供征税的税基的比重,是纳税人因履行纳税义务而承受的一种经济负担。

从税负层次来划分,可分为宏观税负和微观税负。宏观税负是一定时期内(通常是一年)政府收取的公共收入总额占国民经济总量的比重,是包含税收和非税收入在内的税费总额。这是从全社会的角度衡量税费负担,能够综合反映一个国家或地区税费负担的总体情况。研究宏观税负,可以比较不同国家、地区之间的税负水平,分析一国(地区)的财政收入与经济发展之间的关系。微观税负是指纳税人实际缴纳税额占其可支配收入的比重。微观税负中分子"实际缴纳税额"的内容丰富,通常包括纳税人缴纳的所有税额,包括增值税、消费税、所得税、财产行为税以及上缴政府的非税收入;就分母而言,则更为广泛,一般有销售收入、营业利润、利润总额和净利润、企业净现金流等概念。研究微观税收负担,对于分析企业之间、行业之间、产品之间的税负水平,以及对市场的影响十分关键。本书将在第二章详细分析和界定宏观税负和微观税负的各项指标。

第三节 研 究 综 述

深化财税体制改革在稳定经济、优化经济结构、调节收入分配等方面发挥着重要作用,其中税制改革与纳税人尤其是企业直接相关,因此无论在理论还是实践中,它始终是热点领域。在税制改革进程中,始终伴随着宏观税负和微观税负高低的讨论。学界、实务领域并未就衡量宏观税负、微观税负明确一个权威标准,因此,关于中国宏观税负、微观税负的问题仍旧处于激烈讨论之中。

税费负担水平是影响企业经营甚至生存的重要因素。中国的企业税费负担究竟是多少？应该用什么标准来衡量中国企业的税费负担？国外就这一主题的研究已基本达成共识，虽然因体制差异难以照搬国外经验，但这些研究成果和应用标准仍对我国相关研究具有重要参考价值。一直以来，国内在税费衡量标准方面的分歧较大，学者、官员、纳税人在面对同一企业的数据时，难以得出一致结论，这严重影响我国税收政策的制定和执行，扭曲纳税人的遵从度。为了科学地测算税费负担，制定合理有效的税收政策，梳理税费衡量标准显得尤为重要[①]。只有衡量税费指标的基础确定了，才能公正客观地对我国税费负担进行判断。

一、宏观税负

如前所述，宏观税负是一定时期内（通常是一年）政府收取的公共收入总额占国民经济总量的比重，是包含税收和非税收入在内的税费总额。宏观税费问题是税收政策的核心，合理的测算对政府制定可行的税收政策和保证足够的政府财力履行职能有着毋庸置疑的意义。

国外因税制体系相对成熟和完善，关于宏观税费的衡量标准也较为统一。大致分为以下三类：一是财税理论中广泛使用的，一定时期内税收收入占同期内国内生产总值或国民生产总值的比重；二是国际货币基金组织（International Monetary Fund，IMF）采用的衡量标准；三是经济合作与发展组织（Organization for

---

① 王冬,陈明艺.国内外税费负担衡量指标的比较与选择[J].财会研究,2018(12)：15—20.

Economic Co-operation and Development，OECD）提出的测算指标。

我国在税收之外存在着规模巨大的非税收入，因此，关于宏观税负的指标主要采用小、中、大三种不同口径。已有研究多将国外与国内衡量指标分开梳理，不利于比较及借鉴。本文将国外对宏观税费的测算指标依据其测算内容划入相应的口径，既方便对国内外衡量标准的比较，也有利于结合我国实际情况择优去劣。

（一）以税收收入为主衡量小口径宏观税费

小口径下宏观税费是指一国在一定时期内的税收总收入占同期国民生产总值或国内生产总值的比例。这一测算方法沿用国外财税理论中的指标。小口径指标能较好地反映政府财政职能的强弱，是衡量宏观税费的基础标准。2017年，我国一般公共预算收入中，税收收入144 360亿元，非税收入28 207亿元，高比重的非税收入将导致小口径衡量指标产生片面性，低估我国实际的宏观税费负担。

（二）以财政收入为主衡量中口径宏观税费

按照中口径宏观税费负担的测量标准存在的主流观点，安体富（2002）用一定时期内财政收入占同期国内生产总值的比重作为衡量中口径宏观税负的指标，其中"财政收入"是指纳入财政预算管理的收入，包括税收收入、国有资产收入、变卖公产收入等。许多学者也基于该口径对我国宏观税费进行分析研究（吴玉霞，2007；周颖，2008；李开传，2011）。2014年修正的《预算法》颁布后，宏观税费负担研究仍采用该测算公式，但财政收入的内容转变为税收收入和纳入预算的其他收入，即我国的一般公共预算收入

（赖施云，2017；苏浛宇，2017）。国家预算管理范围的调整在实质上并没有影响中口径下宏观税费测算的分子，内容均可概括为税收收入及预算内的其他收入。但这一衡量标准没有考虑我国的社会保障性基金，难以全面反映我国宏观税费的实际水平。

OECD提出的税收比率弥补了第一种中口径宏观税费指标的不足，其提出的税收不仅包括从所得税和利润税、货物和服务税、工资税等中收取的税收，还包括了社会保障缴款，采用税收总额占GDP的比重来表示国家的税费负担水平。我国不少学者基于OECD的口径对宏观税费进行了测算及国际比较，认为该口径相对来说具有较强可比性和解释力（林赟等，2009；张侠等，2014）。除了非税收入和社保基金费用之外，我国还存在国有资本经营预算收入和制度外收费，这些费用被忽略都将导致测算结果不精确。

（三）以政府收入为主衡量大口径宏观税费

所谓大口径宏观税费，是指以一定时期的政府收入占GDP之比衡量税费水平，这一指标弥补了中口径税费衡量指标的不足。安体富和岳树民（1999）、杨灿明和詹新宇（2016）提出政府收入是一般公共预算收入、政府性基金预算收入、国有资本经营预算收入以及社会保险基金预算收入之和，这与国际货币基金组织采取的测算标准相似。

按照IMF的统计口径，政府财政收入包括公共财政收入、扣除国有土地使用权出让收入之后的政府性基金收入、国有资本经营预算收入和社会保险基金收入，在加总之后还要扣除四本预算中的交叉重复部分。若将四项预算收入简单相加则有可能高估我国宏观税费水平。陈彦斌和陈惟（2017）也认为四项财政预算收入中重叠部分会影响测算结果,应该予以剔除,采用"广义政府收入"占GDP的比重作为衡量宏观税负的指标。广义政府收入包括剔除重复部分后的四项政府预算,与IMF计算口径的不同在于该指标将土地出让金也纳入计算。

(四)宏观税负对产业结构、企业经营的影响

范子英和彭飞(2017)基于中国135个行业的投入产出表测算了服务业和上游行业之间的产业互联程度,并与上市公司微观数据相匹配,研究发现"营改增"的减税效应严重依赖于产业互联和上游行业的增值税税率,"营改增"企业的平均税负没有出现显著下降。李香菊和祝丹枫(2018)从经济增长水平、科技含量、产业优化能力、要素生产率、环境社会贡献和需求侧支持等六个方面构建制造业转型升级评价体系,运用2006—2015年省级层面宏观数据进行财税政策效应检验,研究发现增值税、企业所得税对制造业转型升级呈显著负向影响。陈明艺和王璐璐(2019)运用2008—2016年长三角地区地级市面板数据检验宏观总税负、流转税税负以及所得税税负对其产业结构升级的影响效果。研究发现,长三角地区宏观税负偏高,而且对产业转型升级产生显著的抑制作用。

宏观税费是站在政府的立场上衡量税费负担水平,并不是税率低,税费水平就会低,也不是税费水平高就一定源于税率过高。同样,宏观税费负担高不代表企业税费负担高,宏观税费负担低也不能说明企业税费负担不高。以往的研究多将宏观与微观分离考察,事实上,单从宏观的层面无法准确了解我国企业税费负担水平的真实情况,需要结合微观层面一起考察。

二、微观税负

微观税负是指纳税人实际缴纳税费总额占其可支配收入的比重。微观税费包括微观税收及企业缴纳的各项政府性收费,是从纳税人的角度考察税费负担水平,由于我国企业承担了90%以上的各种税和费[①],所以本文研究的微观税费是指企业的实际税费负担。微观税费衡量指标比宏观层面更为复杂,也是企业实际税费负担迄今成谜的症结所在,本研究在抽丝剥茧后将其归为三大类税费标准。

(一) 衡量企业流转税税费负担的标准

我国流转税体系一直在税收收入中占据最大比例,企业承担了多少流转税费不仅反映企业的税费负担水平,而且对如何调整我国税制结构具有重要作用。尹音频(2003)采用"流转税税额/流转税征税对象的数量"作为流转税名义税负的衡量标准。王新红和云佳(2014)以流转税税额占主营业务收入的比重作为衡量流转税税负的指标,考察"营改增"前后交通运输业的流转税税负情况。王珮等(2014)利用现金流量表中"销售商品、提供劳务收到的现金""购买商品、接受劳务支付的现金"和增值税税率计算出增值税税负。童锦治等(2015)从税负转嫁的角度切入,提出企业名义流转税税负测算方法,即先利用城市维护建设税或教育费附加计算得到增值税税额,再以其与销售收入的比值来代表名义上的增值

---

① 陈益刊,李莉.中国企业税负全球第12? 主要是劳动力税率高[N/OL].第一财经,2016-12-27.http://www.yicai.com/news/5192555.html.

税税负。陈明艺等(2018)采用"营业税金及附加/营业总收入"作为衡量企业流转税税负的标准,基于所有权性质的不同和产业结构的不同实证分析了上海企业流转税税负水平。

流转税的最终归宿是消费者,也就是说,流转税在抵扣链完整的前提下企业没有完全承担;相反,企业所得税是基于利润总额纳税,则主要由企业承担。因此,众多学者提出,所得税税费负担才能实际反映企业税费水平。

(二) 衡量企业所得税税费负担的标准

国外对企业税费的衡量研究中,当前主流的大致可以归为平均有效税率(average effective tax rates,AETRs)和边际有效税率(marginal effective tax rates,METRs)。边际有效税率一般适用于验证税制的公平性,衡量企业税负应用的则是平均有效税率。有学者(Stickney & McGee,1982)将所得税费用作为分子,分母是税前账面收益减去递延所得税费用与法定边际所得税税率之商的差;也有学者(Porcano,1986)在研究中采用扣除递延所得税费用后的所得税费用对息税前利润的占比作为衡量企业实际税负的标准;另有学者(Shevlin,1987)基于前人(Stickney & McGee,1982)的研究,用所得税费用与递延所得税费用的差额代替所得税费用,弥补了公式的缺陷。吴联生(2009)在研究国有股权和公司税负之间的关系时,采用所得税费用与息税前利润之比对企业实际税率进行计量。张敏等(2015)沿用此公式实证检验了我国财政分权制度对企业税负的影响。谭光荣和林信芳(2012)基于当期所得税费用与会计税前利润之比的测算标准对影响中小企业实际所得税率的因素进行了实证研究。洪群和戴亦一(2018)采用所得税费用扣除递延所得税费用后的净额与息税前利润之比的实际所得税率作为衡量企业所得税税负的指标,与此前研究(Porcano,1986)提出的测算标准一致。

企业所得税的衡量标准在税制体系完备的国外适用性更强,我国企业在税收外还承担了许多非税负担和制度外费用,这使企业整体上的负担比名义上的所得税负担重。因此,企业所得税税负的衡量标准只能反映企业所缴纳的企业所得税的比重,不能全面反映企业上缴的所有税费负担水平。

(三) 衡量企业总税费负担的标准

基于流转税税费负担和所得税税费负担衡量的片面性,刘骏和刘峰(2014)在研究过程中提出两个衡量税负的标准,一是企业支付各项税费扣除税费返还后的净额与营业收入之比,二是企业税费净现金流三期的移动平均与营业收入之比。闫婉姝等(2017)采用营业税金及附加和所得税费用之和在营业收入中的占比为指标来衡量企业税负。这与国泰安统计数据时采用的综合税负 A 的测算公式一致。为了进一步准确衡量企业税费实际负担,国泰安数据库将衡量标准的分母调整为利润总额,构建综合税负 B 的测算指标。

国际上通用的企业税费衡量指标有福布斯税负痛苦指数以及世界银行和普华永道采用的测算方法,两种方法均将社会保险税,即我国的社会保险费纳入企业总税费的计算。

福布斯税负痛苦指数是由各地区边际最高税率加总得到的。依据本文对宏、微观的划分,福布斯税负痛苦指数实际上是站在企业的角度考量企业的税费情况,该指数作为衡量企业税费的微观指标较为合理。福布斯税负痛苦指数的测算依据相对单一,我国企业存在优惠税率,若一味将高税率加总将高估我国的实际税费负担。相比之下,世界银行的测算方法更能反映我国企业税费负担的真实情况。

世界银行的总税率度量企业准予扣减和减免后的应缴税额和强制性缴费额占商业利润的比例。该测算中,纳税额不包括由个人负担的个人所得税和不影响利润的增值税,强制性派款在中国指五险一金,商业利润指企业缴纳所有税款前的净利润,并非企业财务上的所得税前利润。

李炜光和臧建文(2017)在探讨我国税费合理的衡量标准时,参考世界银行的测算方法提出以当期应交税费占商业利润的比重为较合适的税费测算指标,当期应交税费中包括企业应缴纳的社会保险费等。随后,钱金保和常汝用(2018)对中国企业微观税费进行测算时,提出了两个关于企业微观税费的衡量标准,分子均为企业承担的税费总额,分母分别取商业利润和营业收入,企业承担的税费总额包括直接税、间接税、社保基金及其他行政事业性收费等,商业利润为利润总额、营业税金及附加和其他税费支出之和。

(四)税负调整对企业发展、产业结构调整的影响

关于流转税,尤其是"营改增"对技术创新影响的研究较多,并且认为"营改增"促进了产业升级,但是降负效应并不确定。龚强等(2016)通过构建古诺竞争模型,提出"营改增"短期内能够降低企业税负,长期有利于企业创新与产业升级;徐梅和刘芬红(2016)从消费税角度分析如何促进产业结构优化,指出我国各产业生产低效问题严重,建议扩大征税项目范围,尤其是高污染、高耗能产品,并不断提高该类产品税率,降低对资源消耗型产业的依赖。袁建国等(2018)利用上市公司数据考察了"营改增"对企业技术创新的影响,得出"营改增"降低了企业税负、提高了企业研发投入的结

论。李永友和严岑(2018)运用双重差分倾向得分匹配(PSM-DID)模型,确认服务业"营改增"的减税效应的确带动了制造业以生产率提升为标志的转型升级,但是在不同年度、地区和企业间呈现显著异质性。倪婷婷等(2020)则以2009—2015年A股制造业企业为研究对象,利用双差分模型考察"营改增"对制造业升级的影响与机理,结果表明,"营改增"促进了制造业升级且该效应可以持续两期,但是对流转税税负降低的作用有限。

另有部分学者聚焦于所得税及综合税负变动对产业升级的影响。李林木和汪冲(2017)运用2005—2015年新三板挂牌公司财务数据,从自主创新和成长情况两方面衡量企业升级,结果表明税费负担会显著降低企业创新能力,其中间接税负影响效果更明显;在企业成长性方面,总体税负和间接税负会抑制企业成长,而直接税负会对其产生促进作用。郭健(2018)通过调研发现,在扶持制造业转型升级过程中,税收政策依然存在对技术创新激励效果不明显、企业并购重组政策缺失以及对固定资产投入的支持不足等方面的问题。高正斌等(2020)采用1998—2007年我国工业企业数据,运用断点回归模型考察减税对企业创新的影响,结果发现减税促进了企业创新,并且实际有效所得税税率低的地区,企业创新水平更高。

三、研究述评

从政府的层面来看,税费负担是指企业最终生产经营成果有多少通过税收和费用收取的形式流入财政收入;从企业的层面来看,税费负担则是指企业的最终生产经营成果有多大比例以税款和费用的形式上缴给了国家。

(一)"广义政府收入"客观地反映了我国宏观税费水平

宏观税费的众多测算口径中,分母指标较为统一,即国内生产总值。分歧存在于衡量标准的分子,需要认识到,我国的宏观税费衡量并不是单纯地比较税收负担,还包括非税收入、社会保险费、国有资产收入等款项。这意味着大口径宏观税费负担比小、中口径更能反映我国的税费负担情况。同时,结合我国实际情况,土地出让金在我国政府收入中占有不小的比重,忽略这一块将使宏观税费水平被低估。因此,采用"广义政府收入/GDP"的测算公式衡量我国宏观税费水平比较合理。

非税收入和制度外收费的大比重使我国税费统计口径一直难以确定。除了采用适合的衡量标准作为制定科学税收政策和税率的依据,政府规范制度外费用,降低非税收入比重也尤为重要。

(二)"税"加"费"全面地反映了企业税费负担

微观层面企业税费负担衡量标准的分歧有三点:一是测算理论依据不同;二是企业是否应该将社会保险费、行政事业性收费等纳入税费计算;三是衡量到底是以营业收入还是以商业利润作为基准分母。

现金流量表能较好地反映企业当期税款缴纳情况,但不包括非税收入等款项,无法准确反映企业实际承担的税费。"税"和"费"共同组成了我国政府收入,忽略任何一部分都无法正确反映我国企业的税费负担水平。另外,一个企业的营业收入不能完全代表其收益,可能存在成本过高的情况。在其他情况相对稳定时,企业生产经营中实际支付的各项税费金额应该与企业的实际经营收益即商业利润配比。这不仅能更好地反映企业税费水平,还能反映企业税费负担与盈利能力是否相匹配。

因此,世界银行和普华永道对企业税费的测算标准较其他方法更为科学合理,既能反映企业税费负担的实际水平,又能作为判断企业税费负担与盈利能力是否相符的依据。

税费负担的研究从未止步,研究成果却大相径庭。刻度不一的秤无法称出物体的准确重量,复杂不一的税费衡量标准不利于决策者正确认识我国税费负担的现状。基于国内外衡量标准的对比与选择,统一税费负担研究标准是完善我国税收制度最首要且最关键的一环。建议在今后研究中采用广义政府收入衡量我国宏观税费负担水平,同时,将"税"和"费"结合起来分析我国企业实际税费负担。进一步地,将宏观大口径的"费"归入"税"中,使大口径税费负担衡量标准逐步向小口径规范,缩小宏观衡量标准与微观企业总税费衡量标准的差距,优化我国税制结构。

第四节　研究内容与结论

一、主要内容与框架

本书基于"提出问题—分析问题—解决问题"的思路展开研究,主要分为三个部分(见图1-1)。

第一部分,提出问题与理论探讨。包括导论、理论探讨、国际经验借鉴等三章。具体内容如下:①问题的提出。2017年以来,上海在大力优化营商环境、积极按照中央部署实施减税降费政策等方面取得了令人瞩目的成绩。与此同时,数据表明上海企业承担的税费负担高于全国平均水平,位列全国第四。据此,本书尝试

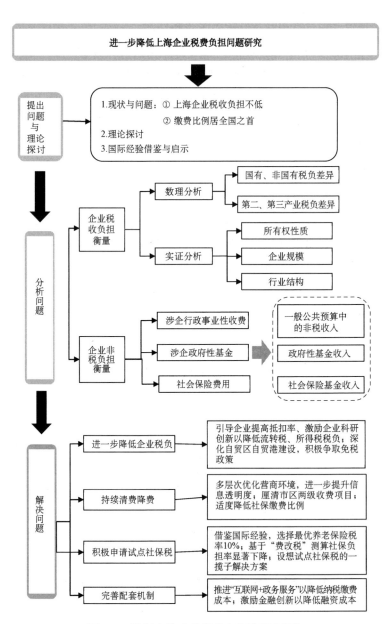

图1-1 降低上海企业税费负担的研究框架

衡量上海企业税费负担，发现症结所在。②文献述评。税收负担分为宏观税负和微观税负，关于宏观税负，国内外基本达成共识。国内学术界和实务领域在微观税费衡量标准方面存在较大分歧。本书全面梳理了相关文献，为客观公正地测算上海企业的税费负担提供了理论和实践标准。③理论探讨。关于税负对企业的影响以及对经济发展的深刻影响，需要追本溯源从税收对经济的影响展开分析和讨论，阐释税收负担的内涵及确定标准，探讨税负转嫁与归宿对企业经营和发展的影响，从理论层面探讨税负对企业的影响。④国际比较与借鉴。税收是从纳税人那里强制、无偿地获取的收入，因此，纳税人始终关注税负问题。发达国家尤其如此，很早就开始连续计算、比较各国的税负，并进行国家排名，从而获悉其对投资、消费和生产的影响。目前，世界银行、欧盟每年都对主要发达国家和发展中国家的税负进行测算并排名。这为我们了解中国的税负高低提供了可参考的标准。

第二部分，分析问题。主要包括测算上市公司的微观税负（第四章）以及分析企业承担的非税负担（第五章）。具体内容如下：①分别从行业、企业规模、所有权结构三方面考察上市公司的税费负担。本书将基于行业、规模和所有权结构，以上市公司为例，先采用统计学的方法详细分析第二、第三产业的上市公司承担的税收负担的差异及其原因，国有和非国有上市公司承担的税收负担的差异及其原因等，进而采用计量经济学的方法，根据计量检验的逻辑思路，筛选上市公司样本后，运用面板数据实证检验上市公司的税收负担。结果与数理分析及调研信息基本吻合。②全面分析上海企业的非税负担情况。与全国情况相比，上海的非税收入占一般公共预算收入之比全国最低，但是规模并不小。本书在全面梳理了上海企业承担的政府性收费项目、经营性收费项目之后，总结了2012年以来上海在减税降费方面的突出成绩;同时,本书还指出了存在的问题,如非税收入的总量下降缓慢,财政公开信息的范围有待进一步扩大,政府性基金仍有进一步降低的空间,社会保险费缴费率偏高等。

第三部分,解决问题。主要包括政策建议(第六章),从宏观到微观层面提出了政策建议,主要包括:多维度激励企业转型升级,进一步降低企业税收负担;多层次优化营商环境,进一步清费降费;适度降低社会保险缴费基数,进一步减轻企业缴费负担;完善配套机制,进一步减轻企业经营成本,从而全面提升营商环境。

二、研究方法

(1)定性分析法。本书定性分析了合理税费负担的原则,秉持公平、效率原则考量企业的税费负担,进而阐释了税负归宿理论,具体分析了凯恩斯学派税收理论、供给学派税收理论,从理论上确立了衡量企业税费负担的依据,并为政策指导提供依据。

(2)实证研究法。以上海的上市企业为样本,选取相关指标,构建多元回归模型分析,通过实证检验的方法,考察上市公司的税费负担水平,并且为分析影响上海企业税费负担的因素提供量化依据。

(3)实地调研法。实地走访了不同规模、不同行业、不同所有权性质的企业,调研中掌握了大量翔实资料,了解了企业经营状况和税费负担的实际情况。为测算上海企业的总体税费情况提供了大量的一手资料,为分析数据、政策建议打下了坚实基础。

(4)比较分析法。笔者在研究过程中,在国际视野的研究范围内,比较国际组织和发达国家、发展中国家在减税降费方面的差异,从中得到相关启示。

三、 研究结论

本书的主要研究结论如下。

(1) 我国的宏观税负高于世界平均水平,高于主要发达国家;上海的宏观税负水平高于全国平均水平。这必须引起足够重视,从整体和区域两个层面寻找解决之策。

(2) 上海的上市公司承担的税收负担存在所有权差异。①流转税方面,国有企业高于非国有企业;综合税负 B 2015 年之前国有企业高于非国有企业,2015—2018 年非国企的综合税负 B 明显上升。②非国企的所得税税负在 2015—2018 年始终呈现上升趋势。③2012—2018 年,非国企的现金流各项税费始终高于国企,国企的现金流税负则在平缓中略有上升。

(3) 上海的上市公司中,第二、第三产业的税负存在差异。①流转税税负/综合税负 A,第二产业承担的流转税税负远低于第三产业。②综合税负 B 中,第三产业从 2012 年开始缓步下降,而第二产业的综合税负 B 则明显增加,并于 2017 年超过第三产业。这一现象值得深思,说明第二产业的利润下降较快导致这一现象。③自 2014 年开始,第二产业的所得税税负开始超过第三产业,尤其是 2016 年之后,差异逐渐明显,第二产业所得税税负显著增加,至 2018 年超过第三产业 7.37%。④2012—2018 年,第三产业实际支付的各项税负始终高于第二产业。

(4) 进一步地,采用 2010—2016 年的面板数据回归后发现:上海的上市公司中,国有企业的税负低于非国有企业;第二产业的企业承担的税负低于第三产业的企业;企业规模越大,承担的税负则越高。

(5) 上海的非税收入占 GDP 比重在全国最低,但是总规模较大。随着清费降费改革的不断推进,非税收入比重下降,说明清费降费取得了显著成效。行政性收费明显下降,不足之处是具体项目仍有待于进一步细化并提高信息披露的透明度。上海的企业缴纳的社会保险最低缴费基数、比例均为全国之首,这是企业认为"税费负担"偏重的主要原因。

(6) 在执行国家统一的相关政策基础上,上海应最大限度地激励企业创新,以确保企业充分享受和利用国家税收优惠政策,持续清费降费,完善社会保障体系等。本书具体从"减税""清费降费"、试点社会保险税、完善配套措施等方面提出措施。

四、学术贡献

在我国深化供给侧结构性改革的进程中,因地域、文化、经济、社会等方面的综合原因,各地区差异进一步显现。在执行国家相关政策的同时,上海如何结合本地发展目标和阶段性特征,确立精准的减税降费政策是必须回答的问题。

(一) 确定衡量税费负担的标准

鉴于我国学界和实务领域就衡量企业税费标准方面一直存在分歧的状况,本书以微观税费负担为重点,侧重于对世界银行采用的衡量标准和实务领域采用的标准展开研究。结果表明,上海企业承担了偏重的税费负担,尤其是非税负担。本书一方面肯定了上海在减税降费方面取得的成绩,另一方面也明确了非税负担对企业经营产生的不利影响。

(二) 以上海的上市公司为样本检验微观税负

我国改革开放40年,区域发展差异显著,税制改革的影响也不同。上海作为我国最发达的直辖市、长三角区域一体化的领头羊,其发展质量非常重要。其中,企业是否轻装前行至关重要。为此,本书根据上海的上市公司年报数据以及来自政府部门的预算、决算数据,以翔实的数据计算了企业税费负担。这是目前国内少见的以上海企业为样本,聚焦供给侧结构性改革中企业微观税费负担问题的研究。通过深入分析企业2012年以来减负的实际情况,本书为下一步上海减税降费提供了更具有操作性的政策建议。

(三) 始终立足于拯救企业的视角优化减税降费政策

笔者始终认为,为实现上海2050年建成卓越的全球城市,建成国际经济、金融、贸易、航运中心和社会主义现代化国际大都市的目标,全面激励企业创新,尤其是第二产业的科技创新至关重要。为此,在大力发展第三产业的同时,应重视第二产业的发展,必须从财税政策方面给予更多激励措施,培育科技实力,加大研发投入等。

五、研究不足与展望

由于时间、资料所限,笔者难以就中小企业税费情况展开大规模调研活动,无法从公开渠道获取非上市企业缴纳税费的具体数据。因此,以上市公司为例获得的结果只能突出重点地反映上海企业承担的税费状况,无法反映小微企业、中等规模企业的税费负担情况,从而结论具有一定的局限性。

迄今为止，国内学界对于衡量宏观税负和微观税负的标准尚未统一。笔者今后将争取获取更多的企业财务数据，拓展企业样本，尤其是中小企业样本，从而全面考察上海，乃至长三角企业的税费负担，从税收领域为助力企业发展、激发市场活力、促进经济高质量发展提供理论和实践依据。

第二章
减税降费的理论探讨

从政府角度出发,公共收入主要分为税收收入和非税收入两大部分,其中税收收入占公共收入的比重较大,是广为接受的概念;实际上,公共收入中有大量的非税收入,主要包括行政性收费、政府性基金收入、社会保险费、经营性收费。非税收入也主要来源于企业缴纳,形成了与税收收入一样的经营成本。因此,广义的税收负担是包括非税收入在内的概念,亦可称之为"税费负担"。本书研究的是广义的税收负担对企业的影响及其进而对市场活力、经济增长的影响。

我国税收理论研究者与实务专家对企业承担的税费负担水平一直存在严重分歧。在笔者看来,重要原因之一是理论界和实务界对衡量税费负担的标准、口径尚未达成共识。从测量企业税费负担的角度出发,本章将首先阐释税收对经济的影响、非税收入对经济的影响以及税负的内涵及衡量标准,对其进行分析,进而确定我国税费负担的内涵,为后续分析上海的税费负担构建理论依据。

第一节　税收的经济影响

税收是一个古老的范畴,通常认为随着国家的出现,税收出现在人类历史中,此后在这个世界上只有两件事情不可避免,即死亡和交税,由此可知税收对国家、社会发展的深刻影响。因此,本节首先需要界定税收的定义、特征与本质,以明确对企业或个人征税的目的或理由。接着,要分析税收对经济的影响。这种影响是多方面的,因而复杂难辨。本节从经济学角度出发,主要分析税收对宏观经济和微观经济的影响,为税收负担概念的提出和衡量提供理论依据。

一、税收的定义、特征与本质

(一) 税收的定义与特征

在我国相关主流教科书中,关于税收的定义存在不同的表述,理解也存在差异。本书采用蒋洪主编的《财政学教程》的概念,即税收是政府依据其行政权力强制地、无偿地取得收入的方式[①]。这一定义可从以下三方面理解:①税收的征收主体是政府;②政府征税依据的是行政权力;③政府以强制、无偿的方式获得税收,即公民、企业、其他各类组织无论是否愿意,都必须依法纳税,否则就要受到法律的制裁。

---

① 蒋洪,等.财政学教程[M].上海:上海三联书店,1996.

通过第一章的概念界定可知,政府获得收入有四种类型,税收是主要方式。既然如此,税收与其他类型的财政收入的区别就决定了税收对经济发展、个人或企业产生的影响。

(二) 税收的本质

从本质上讲,税收体现了公与私的经济利益关系。政府增加税收意味着资源将更多地掌握在政府手里,相应地,私人可以控制与支配的资源就会减少;反之,政府减少税收,就意味着政府将放弃一部分资源,私人将拥有更多可以支配的资源。因此,税收不仅是政府取得收入的一种方式,更为重要的是它还涉及个人、企业的实际利益。税收收入的多少、税收制度的构建、税收政策的变动都会影响个人、企业的利益,进而对一国(地区)经济、社会产生影响。基于企业视角,政府拿走的资源就是企业的负担,因此,政府收入规模、变动对企业经营具有直接而深远的影响,进而对一国(地区)经济的增长和发展产生深远影响。

二、税收的宏观经济效应

税收改变了资源在政府与私人之间的配置,税收制度和税收政策由此对经济增长、经济稳定与社会公平产生影响,具体通过税收对资本成本、劳动供给、技术进步等增长要素以及对收入分配、环境保护、价格稳定等发展问题产生影响来体现。

(一) 税收与经济增长

经济增长是一国经济发展的首要条件。经济发展通常用一定时期社会总产出即国民生产总值或国民收入的增长率来表示。税收对国民生产总值或国民收入变动会产生影响。

1. 税收乘数效应作用机制①

根据宏观经济学原理,在封闭经济条件下,国民收入决定方程式可以写成如下形式:

$$Y=C+I+G \tag{2-1}$$

其中,Y 表示国民收入,C、I、G 分别表示民间消费支出、净民间投资支出,以及政府在产品和劳务方面的购买性支出。民间消费支出水平 C 主要取决于个人可支配收入(Y_d),即扣除所得税后的个人收入,以及边际消费倾向(c)的大小:

$$C=a+cY_d \tag{2-2}$$

个人的可支配收入在假定税收是定额税(T)的情况下,就等于 $Y-T$,表示如下:

$$Y_d=Y-T \tag{2-3}$$

将式(2-3)代入式(2-2),得到:

$$C=a+c(Y-T) \tag{2-4}$$

再将式(2-4)代入式(2-1),得到:

$$\begin{aligned}Y&=a+c(Y-T)+I+G\\&=a+cY-cT+I+G\\Y&=(a-cT+I+G)/(1-c)\end{aligned} \tag{2-5}$$

根据式(2-5),我们就可以求得税收变化对国民收入的影响。求导后得出:

---

① 储敏伟,杨君昌.财政学[M].北京:高等教育出版社,2000.

第二章 减税降费的理论探讨

$$\partial Y/\partial T = -c(1-c) \quad (2\text{-}6)$$

式(2-6)表明了税收的变动(包括税率、税收收入的变动)对国民收入的影响程度,通常称之为税收乘数。税收乘数为负值,说明国民收入的变动与税收变动呈反向变动。当政府税收增加时,国民收入将减少,并且减少的数额相当于税收增量的 $c/(1-c)$ 倍。当政府收入减少时,国民收入将增加,并且增加的数额相当于税收减少量的 $c/(1-c)$ 倍。因此,如果仅仅考虑税收因素,减税有利于刺激经济增长。

同时,根据式(2-5),还可以得到公共支出乘数:

$$\partial Y/\partial G = 1/(1-c) \quad (2\text{-}7)$$

从式(2-7)可以看出:由于居民边际消费倾向 $c < 1$,所以,税收乘数<公共支出乘数,这说明税收政策对经济增长和经济稳定的作用小于公共支出政策。从这一点来看,制定科学合理的税收政策,然后从公共支出角度促进经济增长的效果优于减税的政策效果。

2. 税收与企业储蓄

税收对经济的影响或许更多地表现在社会(非政府部门)资本的形成——储蓄与投资上。非政府部门可进一步分为家庭(个人)和企业。基于本书的研究重点是税收负担对企业的影响,在此讨论税收与企业储蓄的关系。企业储蓄由折旧费与公司税后保留利润两部分组成,税收政策是影响这两部分数量的主要因素。

(1)税收对折旧费以及进而对企业储蓄的影响。企业通过提取折旧费为固定资产更新提供资金,由于从折旧的提取到机器设备的更新之间或长或短间隔一段时间,所以折旧费就构成了企业的储蓄,而且是企业储蓄的主要组成部分。公司所得税是在扣除了折旧费后课征的,因而并不直接影响固定资产折旧费。但是,折旧的期限与折旧方式却会影响企业纯收益,从而影响公司所得税的规模。因此,税法中对折旧期限和折旧方式都有严格规定。同时,政府也往往采用加速折旧的方式来增加企业储蓄,增强企业投资能力。

加速折旧意味着企业现期所得税的减少和储蓄(折旧)的增加。仅就单次固定资产投资而言,加速折旧将导致企业将来的税收上升和储蓄下降,似乎没有多大意义。但是从折旧津贴现值的角度看,快速折旧可增加企业折旧津贴现值,从而增强企业投资能力。此外,从连续投资的角度看,快速折旧可使企业长期享受这种减税政策,从而企业储蓄可在连续的基础上增长。

(2)税收对公司保留利润的影响。公司保留利润是指公司税后利润减去支付给股东股息后的利润,是企业储蓄的另一重要组成部分,也是企业扩大投资规模的重要资金来源。从保留利润的形成看,影响其规模的因素主要有两个:一是公司所得税,二是股息支付。在股息支付不变的情况下,公司所得税率越高,企业的保留利润越低,从而将大大抑制企业的投资能力。因此,要加快经济增长,提高产出能力,就须适当降低对企业利润的课税。

政府财政收入主要来自各种税收,税收是对家庭收入和企业储蓄的一部分扣除。税收直接减少了家庭储蓄和企业储蓄,因此,税收的变动对家庭储蓄和企业储蓄产生直接影响。

3. 税收与非政府部门投资

现代经济中,储蓄是资本的供给,因而从某种意义上讲,投资政策在促进一国资本形成中的作用比储蓄政策更大。储蓄虽然是投资的必要条件,但是在资本可以在国际间自由流动的情况下,优惠的投资政策可在一定程度上弥补本国储蓄能力的不足;反之,不适当的投资政策则可能使本国已形成的储蓄外流。决定投资的因素包括：投资报酬率，或者说资本边际收益率；销售量以及与销售量相联系的产出能力；筹资能力，包括动用内部资金和发行股票债券的能力；向银行贷款的能力；与上述因素有关的财政税收金融政策。实践中，投资决策是对所有因素综合考虑的结果。但是，企业在决定是否投资以及所期望的资产存量规模时，最基本的决策标准如下：预期边际资本产出（expected marginal product of capital，以 MPK^f 表示）等于资产预期使用成本（user cost of capital，以 U 表示）。其中，预期边际资本产出是指现期每增加 1 单位资本的投入，预计将来可获得的收益。资产预期使用成本是指在一段时期内使用 1 单位资本的预期真实成本，其中包括两项内容，即折旧与利息。折旧是指该资产在使用中因损耗而失去的价值；利息是指该笔资金因投资这项资产而损失的利息（无论该笔资金是借入的还是自有的）①。

（1）税收对非政府部门投资的影响。税收对非政府部门投资的影响主要表现在两方面：预期边际资本收益和资本使用费，投资风险。对企业收益征税直接降低了资本边际收益，如果资本使用费不变，就会减少企业所期望的投资规模，如图 2-1 所示。

在图 2-1 中，税收 t 使 MPK^f 线内移至 $(1-t)MPK^f$，从而使企业所期望的资本存量减少。税收使资本边际收益减少，也可以理解为资本使用费 U 的增加。因为：

$$(1-t)MPK^f = U$$

也可以表示如下：

---

① 蒋洪，朱萍.公共经济学（财政学）[M].上海：上海财经大学出版社，2006.

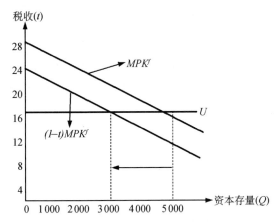

图 2-1 税收对企业资本存量规模决策的影响

$$MPK = \frac{U}{1-t} = \frac{(\gamma+\delta)P_k}{1-t} \qquad (2-8)$$

$\frac{U}{1-t}$ 被称为税收调节后的资本使用费。它表示企业要想从预计的投资中获益,该项投资的税前资本边际收益至少要达到怎样的水平。显然,税率 t 越高,税后资本使用费越高,对投资行为的阻碍越大,因为其所要求的税前资本边际收益提高了。因此,有利于降低资本使用成本的税收政策都可刺激投资。政府通常采用的激励投资的税收政策有减免所得税、快速折旧、投资抵免等。

(2) 税收对投资风险的影响。在投资决策中常常包括对各种投资风险的选择。通常人们在从事高风险投资时,会要求获得与风险等价的补偿,即风险溢价,也可看作对承担风险的机会成本的支付。对投资利润征税意味着投资回报率下降,进而影响对风险资产投资的决策。尤其是企业所得税的存在,使得资本的净收益率下降;而投资者关心的是净收益率,而不是毛收益率。实践中,上市公司更关心的是缴纳所有税款后的净现金流规模。如果当期缴纳税款后净现金流下降,则直接减少下一期的投资,包括风险投资;反之,则可能增加投资。

总体来讲,所得税增加了投资风险。因为当企业盈利时,政府以征税方式分享了投资利润;而当企业亏损时,税收不能分担投资者的损失。税收对投资的亏损是否弥补直接决定了社会投资。因此,为了激励企业增加投资,许多国家的税法都会规定,允许投资者在纳税时进行亏损结转,即在利润之前直接冲减亏损。不同之处在于,有些国家的税法规定允许全部亏损结转,有些国家规定允许部分亏损结转。进一步地,由于风险投资的亏损结转通常是向以后年度结转,考虑到收入的时间价值,抵补的价值小于实际价值;尤其是在通货膨胀条件下,二者差距更大。加上企业投资年度、盈利情况等因素,税收对风险投资的抑制作用依然存在。

(二) 税收与经济稳定

在宏观经济学原理中,包括政府部门在内的三部门封闭经济中,总供给和总需求平衡条件如下:

$$C+S+T=C+I+G$$

即 $$S-I=G-T \tag{2-9}$$

这说明社会总供给与总需求平衡条件中增加了税收和政府支出。当储蓄和投资存在差异时,可通过调整政府收支活动实现供求平衡。当储蓄大于投资时,可统一通过政府支出大于税收弥补缺口;反之,可以通过税收大于政府支出调节总供求平衡。具体来讲,税收对总供求平衡的调节包括自动稳定的税收政策和相机抉择的税收政策。

税收作为财政政策的主要手段,一是调节社会总供给与总需求的关系,二是调节收入分配关系。调节总供求关系是通过两个过程实现的:一是自动稳定机制过程,一是相机抉择机制过程。前者在既定税收制度和政策下,受经济的内在发展规律支配;后者则是政府根据经济形势的发展变化,有目的地调整税收制度和政策。这两种机制的作用过程如图2-2所示。

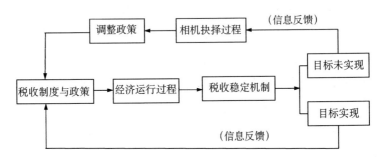

图2-2 税收的自动稳定机制和相机抉择机制

在经济繁荣时期,国民收入增加,以国民收入为源泉的税收收入会随之自动增加,相对地减少了个人的可支配收入,在一定程度上减轻了需求过旺的压力;此时,如果总需求与总供给的缺口仍然很大,政府则要采取相机抉择的税收政策,或扩大税基,或增加税种,或提高税率,或减少税收优惠,等等。在经济萧条时期,税收收入会自动减少,相对地增加了个人的可支配收入,在一定程度上缓解了有效需求不足的矛盾,有利于经济复苏;此时,如果经济依然不景气,政府可进一步采取税收措施,或缩小税基,或削减税种,或降低税率,或增加税收优惠措施,等等。

总体来讲,税制结构中直接税所占比重越大,税收制度的自动稳定作用就越强;反之,间接税所占比重越大,税收制度的自动稳定作用就越弱。或者说,一国税收的收入弹性越大,其自动稳定作用就越强。我国是以间接税和直接税为双主体的税制结构,在2015年之前税收的收入弹性偏大,随后缓慢进入合理区间。

相机抉择税收政策对经济稳定的作用,要面临时间限制。具体表现为认识时滞、决策时滞、执行时滞和反应时滞。经济不稳定从出现到被政府发现、认识,需要一定时间,这是认识时滞;从政府了解经济情况到做出决策的时间被称为决策时滞;从决策通过到实施的时间,是执行时滞;从税收政策执行到产生效果之间的时间是反应时滞。这期间,决策时间、程序、政府部门工作效率、获取信息是否充分以及时间长短等诸多因素均会对认识时滞、决策时滞、执行时滞产生影响,从而限制税收政策的稳定效果。

三、税收的微观经济效应

税收对微观经济活动主体活动的影响,是税收对纳税人生产、消费决策,对劳动力供求,对家庭储蓄行为以及对私人投资的影响。税收对微观经济的影响主要体现在两个方面:①征税使得纳税人减少了一笔可支配收入,从而降低了商品购买量和消费水平;②征税会改变消费者对商品的选择或生产者对要素的选择,改变纳税人的生产、储蓄、消费、投资和劳动供给等,甚至产生额外的负担。税收理论上称之为收入效应和替代效应。

(一) 收入效应

征税对纳税人最直接的影响是减少了一笔可支配收入,而这笔收入如果不纳税,就可能会被纳税人用于消费和投资,即征税导致纳税人的支出能力下降。具体如图2-3所示。

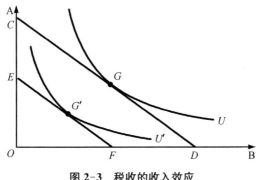

图 2-3 税收的收入效应

假定图 2-3 的横轴和纵轴分别代表 A 和 B 两种商品的数量,纳税人的收入是固定的,而且全部收入用于购买这两种商品,因而该纳税人的税前预算线是 CD。也就是说,如果纳税人将其全部税前收入用于购买 A(B) 商品,可以购买的最大数量为 $OC(OD)$。但是,在该纳税人的收入既定的前提下,这两种商品购买量的最佳组合是由 G 点决定的。因为 G 点是该纳税人的预算线与最高的无差异曲线 U 的切点,表明购买这些数量的两种商品所得到的效用或满足程度最大。倘若政府决定对纳税人课征一次总付税或人头税,这种税对这两种商品的相对价格没有影响,故使得该纳税人的预算线向下平行移动至 EF。税后预算约束线 EF 与无差异曲线 U' 的切点 G' 决定了纳税人购买这两种商品的最佳数量组合,但没有改变纳税人的选择。同时必须指出,收入效应使得纳税人减少了购买数量:对于消费者而言,减少了对商品的消费;对于生产者而言,减少了对生产要素的购买。深入分析则需要结合供求弹性展开,情况更为复杂,这不是本书的重点,在此不再深入讨论。

一般来说,纳税人的收入受到税收影响的程度,可以用其所缴纳的税款衡量。相同数额的税款对不同纳税人来说,具有不同的收入效应。因此,当需要比较不同纳税人的收入效应时,就可以用纳税人缴纳的税款占其收入的比例衡量。这个比例可以表示不同纳税人税收负担的高低,并用以比较分析。对企业而言,可以比较国有企业、民营企业和外资企业税收负担的高低,以及上市公司和非上市公司税负的高低等。

(二) 替代效应

替代效应是指征税或增税影响相对价格,从而促使人们以某种消费或活动方式取代另一种消费或活动方式。具体来讲,当政府征税影响了相对价格,从而使纳税人为了避税而改变原有的经济决策(包括消费、生产、投资、工作等经济决策)时,就产生了税收的替代效应。

图 2-4 中的 CD 是纳税人的税前预算线,购买 A 和 B 两种商品的最佳数量组合为 G。倘若政府决定对 B 商品征税,而对 A 商品免税,这就改变了这两种商品的相对价格。由于对纳税人来说,B 商品相对于 A 商品变得昂贵了,该纳税人就会减少 B 商品的购买量,从而使其预算线以 C 为原点向内转动,从原来的预算线 CD 变为 CF。新的预算线 CF 与无差异曲线 U' 相切于 G' 点,表明纳

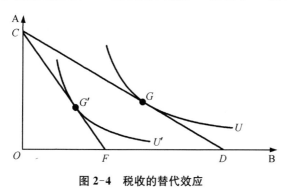

图 2-4 税收的替代效应

税人以税后收入购买现在的商品数量组合所获得的效用水平或满足程度最大。由此可见,由于政府对B商品征税而对A商品不征税,改变了纳税人购买商品的选择。

由于替代效应干预了纳税人的选择,所以它不仅改变了纳税人的经济行为,而且导致经济的无效率,即会使纳税人承担除缴纳税款以外的其他负担,这种负担在经济学理论上被称为税收的超额负担或者无谓损失。除了改变纳税人的经济行为,税收超额负担还表现为纳税遵从成本,即纳税人为了缴纳税收而不得不付出许多时间、精力和金钱来办理税务事宜,如自行办理纳税申报,按照税法或税务机关的要求提供相关信息和资料,或者聘请专门的税务咨询或代理人员料理其纳税事宜,甚至纳税人可能因不了解税法规定而受到处罚等。这些都是纳税人缴纳税款之外的负担,因而不能用所缴纳税款的多少来衡量[1]。

税收对经济的影响是复杂多样的,除了上述分析之外,还包括税收对收入分配、劳动供给、家庭储蓄行为、私人投资等多方面、多维度的影响效应。本书讨论的是企业的税费负担,因而以上分析主要基于对企业的影响展开。

第二节 税收负担的确定

在从企业视角切入,阐释了税收对宏观、微观经济的影响之后,需要明确宏观税负和微观税负的内涵、衡量标准,为计算一国或地区宏观税负水平和微观税负水平提供依据。税负水平高低始

---

[1] 朱为群.中国税制[M].北京:高等教育出版社,2020.

终是争论的焦点,美国经济学家阿瑟·拉弗(Arthur Laffer)给出了一个经典的标准——拉弗曲线(Laffer Curve)。

一、宏观税负的衡量

宏观税负即全社会总税收负担,有三个衡量指标,即国民生产总值税收率、国内生产总值税收率和国民收入税收率。国民生产总值税收率是指一定时期一个国家或地区的税收总量占同期国民生产总值的比重;国内生产总值税收率是指一定时期内税收收入总额占国内生产总值的比重;国民收入税收率是指一定时期内税收收入总额与国民收入的比率。其中,国民收入是全社会物质资料生产者新创造价值的总和,国民收入只包括新创造的或最终进入消费的产品和服务的价值,不包括中间产品的价值。选用国民收入税收率可以准确衡量国民经济总体的税收水平,这一指标能够清晰地说明国家通过税收到底集中了多少国民收入。

目前,国际上主要采用国内生产总值税收率测算宏观税负,具体根据包括的项目不同而分为三种口径:小口径宏观税负,即税收收入占GDP的比重;中口径宏观税负,即税收收入和社会保险基金(不含财政补贴)之和占GDP的比重,这与OECD测算宏观税负的口径基本一致;大口径宏观税负,即政府全部收入占GDP的比重,其中,政府全部收入为一般公共预算收入、政府性基金预算收入、国有资本经营预算收入以及社会保险基金预算收入之和(杨灿明、詹新宇,2016)。根据以上三种口径计算得出全国、上海的宏观税负水平(见表2-1)。

如表2-1所示,2014年上海的宏观税负为17.9%,2015—2018年始终保持在19%,尤其是2016年为19.97%,接近20%,

表 2-1 全国、上海的宏观税负水平　　　　　单位:％

年份	大口径		中口径		小口径	
	全国	上海	全国	上海	全国	上海
2014年	35.28	40.50	23.24	27.94	18.56	17.90
2015年	33.80	44.63	23.23	32.35	18.28	19.34
2016年	33.29	45.22	22.64	33.91	17.69	19.97
2017年	34.03	42.06	22.78	32.74	17.60	19.15
2018年	35.60	42.17	23.85	32.79	17.44	19.23
2019年	—	37.60	—	28.34	—	16.29

资料来源:整理自财政部各年全国财政决算报告、《中国统计年鉴2019》,以及上海财政局官网公布的各年财政预算执行情况。

这与Wind报告中上海微观税负位居全国前四的结果基本一致。这说明从全国情况看,上海的宏观税负的确偏高。经过2017—2019年大规模的减税降费改革,2019年上海的宏观税负六年来首次降到16.29％,但是中口径和大口径下的税负水平下降并不明显,而且都高于全国平均水平。这说明上海非税收入规模并未出现明显下降。具体分析如下。

(一) 小口径宏观税负

如表2-1所示,2014—2018年的全国宏观税负的小口径水平从18.56％下降至17.44％,说明我国税收收入占全国GDP的比重在缓慢下降。这一方面说明2014年以来的减税降费政策初见成效,另一方面也需要我们进一步了解非税收入的情况。然而,上海在2014—2018年的宏观税负水平则明显与全国情况不同。首先,其2014年的宏观税负是该五年间的最低水平,为17.9％;2015—2018年,其宏观税负则始终在19％左右,分别为19.34％、19.97％、19.15％、19.23％,在小幅波动中略有回升。这说明上海的宏观税负水平不仅高于全国平均水平,而且没有明显的下降趋势。为此,必须对税收和非税收入分别深入研究。

小口径宏观税负不包括非税收入,因此,小口径宏观税负指标难以观察社会承担的所有税费负担。采用这一指标可以明确税收收入的变动情况,但是会低估我国的宏观税负。因此,国际上以OECD为主采用了税收收入与社会保险基金收入之和占GDP比重测算宏观税负,即中口径宏观税负。

(二) 中口径宏观税负

这一指标对于全国和上海而言,共同之处在于,2014—2018年几乎都没有变化,说明在税收收入下降的同时,社会保险基金收入在增加,宏观税负没有变化。不同之处在于,上海的宏观税负水平仍然高于全国平均水平近10%,并且在逐步拉大差距。具体而言,2014年相差4.7%,2015—2018年则相差约10%。这必须引起高度重视。主要原因就是上海的社会保险基金收入整体水平偏高。后续将在第五章重点分析社会保险的相关内容。

(三) 大口径宏观税负

大口径宏观税负包括了政府公共预算中的一般公共预算收入、政府性基金预算收入、国有资本经营预算收入以及社会保险基金预算收入等"四本账"中所有收入,是我国特有的一个衡量指标。由表2-1可知,2014—2018年,全国宏观税负在波动中略有上升,主要是非税收入规模有所增加。上海的宏观税负分为两个阶段:2014—2016年,从40.5%逐步增加到45.22%,超出全国12%,也恰好是这一年,来自金融公司的报道显示,上海的税负位列全国前四;2016—2019年,上海的宏观税负开始下降,到了2019年则显著下降了 4.57%,这说明上海减税降费改革取得了突出成绩。

二、微观税负的衡量

如第一章所述,微观税负是指纳税人实际缴纳税费总额占其可支配收入的比重。微观税负是指单个纳税人、一种产品或一个生产经营单位的税收与其税基的比例,如单个企业和居民的税收负担率。这是本书研究的重点内容。

(一) 衡量微观税负的主要指标

具体衡量企业微观税负的指标主要分为以下四类。

(1) 企业流转税负担率。该指标是指企业因生产销售商品、提供劳务等缴纳的税额占其提供商品或劳务的销售收入的比例。

$$流转税税收负担率 = \frac{流转税总额}{同期销售收入} \times 100\%$$

(2) 企业所得税负担率。企业所得税负担率是指企业实际缴纳的所得税税额与企业利润的比例。

$$企业所得税负担率 = \frac{企业实际缴纳的所得税税额}{利润总额} \times 100\%$$

(3) 企业综合税收负担率。企业综合税收负担率是指一定时期内企业缴纳的各种税款总额占其同期收入总额的比例。

$$企业综合税收负担率 = \frac{企业实际缴纳的各种税款总额}{企业收入总额} \times 100\%$$

(4) 企业净产值税收负担率。企业净产值税收负担率是指企业一定时期内缴纳的税款总额占净产值的比例。

$$企业净产值税收负担率 = \frac{纳税总额}{净产值} \times 100\%$$

长期以来,我国统计工作中仅计算工业净产值,因而该指标只适用于工业企业。工业净产值是工业企业在一定时期内进行工业生产活动新创造的价值,也就是工业总产值扣除生产资料转移价值后的余额。

以上指标分别从经营情况(销售收入)、盈利情况(利润总额)、净产值等维度衡量微观税负,但是由于实践中我国会计制度的不断改革、税收制度的调整和企业衡量自身税收负担率的特殊性等因素,以上指标只能作为参考性指标。现实的复杂性使得我国学界和实践领域至今也没有就微观税负的衡量指标达成共识。

(二) 本书采用的微观税负指标

根据前述理论分析,基于以上可参考指标,笔者在调研企业获取信息的基础上,决定采用侧重于实践性的五个指标考察上市公司的微观税负。具体采用流转税税负、综合税负 A、综合税负 B、所得税税负和总税负五个指标衡量上市公司的实际税收负担率。

(1) 流转税税负对比分析。流转税税负采用企业的营业税金及附加与营业总收入之比衡量。这是我国学术界和实务领域常用的一个指标。

$$流转税税负 = \frac{营业税金及附加}{营业总收入} \times 100\% \qquad (2-10)$$

其中:"营业税金及附加"这一概念在 2016 年 5 月 1 日营业税全面改为增值税之后,在企业利润表中的科目名称改为"税金及附加"。"税金"主要包括消费税、房产税、车船税、土地使用税、印花税、资源税等,"附加"包括城市维护建设税和教育费附加,按企业当期实际缴纳的增值税、消费税相加的税额的一定比例计算;内容比 2016 年 5 月 1 日之前少了"营业税"一项。

(2) 综合税负 A 对比分析。综合税负 A 是指企业缴纳的营业税金及附加与所得税费用之和占营业收入的比重。这也是企业广为采用的一个衡量企业税负的指标。

$$综合税负 A = \frac{营业税金及附加 + 所得税费用}{营业总收入} \times 100\% \quad (2\text{-}11)$$

总体而言,这一指标没有通用的评价标准。从企业视角出发,希望该指标越低越好。

(3) 综合税负 B 对比分析。将商业利润设为分母测算企业实际承担的税负,即综合税负 B,世界银行测算各国总税负采用的也是这一公式,即式(2-12)。这一指标计算出来的税负率便于与其他地区比较。

$$\frac{狭义的}{综合税负 B} = \frac{营业税金及附加 + 所得税费用}{利润总额} \times 100\%$$

$$(2\text{-}12)$$

$$\frac{广义的}{综合税负 B} = \frac{营业税金及附加 + 所得税费用 + 社会保险费}{利润总额} \times 100\%$$

$$(2\text{-}13)$$

对于企业而言,社会保险费是一项在所得税前,按期向政府社会保险部门缴纳的费用,与应交税金的性质相同。世界上大部分国家采用的是社会保险税的形式,而非社会保险费。基于此,本书给出这一指标,并将在第五章测算上市公司的综合税负 B。

(4) 所得税税负。所得税税负的数据来自企业的利润表,即用企业利润表中的所得税费用与利润总额之比衡量企业利润承担的所得税税负。这是一个国内国外已达成共识的常用指标。

$$所得税税负 = \frac{所得税费用}{利润总额} \times 100\% \qquad (2-14)$$

（5）总税负——基于现金流量表。在实践中，公司侧重于通过已缴纳的税费占营业总收入的比重衡量其税费负担。从企业的角度分析，这代表着企业实际动用现金缴纳的税费，是真实的经营负担。采用这一指标是本书的创新之一。为此，选用了东方财富网 Choice 数据库的相关财务数据，并摘选了现金流量表中的"支付的各项税费"和"收到的税费返还"指标，同时参考了刘骏和刘峰（2014）提出的衡量总税负的标准。

$$总税负 = \frac{支付的各项税费 - 收到的税费返还}{营业总收入} \times 100\%$$

$$(2-15)$$

本书采用实践中企业采用的指标衡量税负，主要的理由在于，企业按期用现金缴纳各项税费，它们对本企业实际承担的税收负担率具有更为直接和精准的感觉，并据此就生产、投资做出决策。尤其是第五个指标，采用来自现金流量表的缴税数据衡量企业的总税负，这是企业最为重视的一个税负指标。但是，学界仍未就这一指标达成共识。本书则重点采用这一指标计算企业的总税负。

三、税负水平与最优课税

税收负担是税收制度的核心问题。判断一国税制合理与否，主要看一国总体税负水平是否合理；而税负水平是否合理没有绝对标准,通常是相对意义上的比较。总体而言,税收负担不宜过重。在现代税收理论中,美国供给学派经济学家拉弗在 20 世纪 70 年代中期运用数学方法研究了战后美国税率变化对经济的影响后,建立了一个反映税率和税收之间函数关系的模型,在一个直角坐标系上画出了一条上凸的曲线,这就是著名的拉弗曲线。这一理论在帮助美国经济摆脱滞胀状态、获得高速增长、刺激投资等方面起到了积极的作用。

(一) 拉弗曲线

拉弗曲线说明的是这样一个问题:税率提高意味着税收收入的增加,但是税率超过一定限度时,税率的提高会放大税收的超额负担,或者说税收的扭曲效应,损害税基,从而导致税收收入的减少(见图 2-5)。

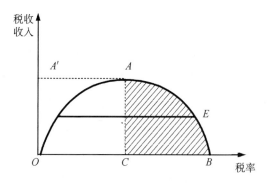

图 2-5 税率与税收收入的关系

在图 2-5 中,横轴代表税率,纵轴代表税收收入。税率在原点时为 0,然后逐级增加至 B 点时为 100%;税收收入从原点向上增加,随着税率的变化而变化。税收收入与税率的函数关系呈曲线 OAB 状态,当税率逐级提高时,税收收入也随之增加;税率提高至

OC 时,税收收入达到最大,即 OA';税率一旦超过 OC,税收收入反而减少;当税率上升到 OB(100%)时,税收收入将因无人愿意从事工作和投资而降为零。供给学派把 CAB 部分,即图 2-5 中的阴影部分称为"禁区"。税率进入禁区后,税率提高,税收收入减少;税率降低,税收收入反而会增加。

拉弗曲线主要说明以下两点:①高税率不一定能取得高收入,而取得高收入也不一定要实行高税率,因为高税率会挫伤生产者和经营者的积极性,削弱经济行为主体的活力,导致生产停滞或下降。②税率、税收收入和经济增长之间存在着相互依存、相互制约的关系,从理论上说应当存在一种兼顾税收收入与经济增长的最优税率。因此,供给学派一直坚持政府必须保持适当的税率,才能保证较好的财政收入。因此,保持适度的宏观税负水平是促进经济增长的一个条件。

(二)最优税收理论

最优税收理论是一种规范性的经济税收理论,它以资源配置的效率性和收入分配的公平性为准则,利用福利经济学和数学工具,通过分析各种税收的性质、效应和权衡关系,找出进行最优税收决策的决定因素与一些一般性原则,用以指导现实的税收决策与税收改革。

最优税收理论是公共财政领域最古老的研究主题之一,杜普伊早在 1844 年就隐约地提出了现在成为最优税收理论经典的拉姆齐法则[1]。现代的最优税收理论是在拉姆齐(Ramsay)1927 年

---

[1] Auerbach A J. Handbook of Public Economics:Vol.1[M]. Amsterdam:North Holland Publishing,1985.

发表的经典论文《对税收理论的贡献》的基础上,使用新的分析方法对这一主题进行的再研究。现代的最优税收理论是数学上的最优化方法与经济理论(特别是新福利经济学)相结合而形成和发展起来的一种理论方法。

最优税收理论主要研究一种有效率的税制应该是怎样的,应当具有什么特征,这里面包含了人们的价值判断。最优税收理论的主要贡献可以归结为以下三点:①在信息不对称的情况下,论证了政府运用扭曲性税收工具是不可避免的;②在税制结构优化状态下,提出了税制经济效率的衡量标准,并讨论了如何据此标准对经济行为主体提供刺激信号的问题;③讨论了在最优税制下,公平与效率两大原则统一起来的可能性。

由于最优税收理论研究的结论都是在严格的假定条件之下得出的,所以其对实践的适用性问题仍然是需要解决的迫切问题。但是如果将其作为一种方法论用来指导税制的设计,则它为税制的设计和有效率税制应当具有的特性指出了一个努力的方向。

第三节 税收负担的转嫁与归宿

在市场经济运行中,各种税的征收都会影响经济中的相对价格,从而产生引起资源配置和价格变化的各种力量。显然,在法律上必须付税的家庭或企业不一定是承担税收负担的主体。税收通过价格变化,可能转嫁到经济中的其他家庭或企业。因此,要贯彻税收公平原则,就必须弄清楚各种税收在具体环境条件下谁是真正的税负承担者,这样才可能真正了解纳税人承担税负的实际情况,有助于优化税制。

一、税负转嫁与归宿的定义

(一) 税负转嫁与归宿的定义

税负转嫁是指纳税人在市场交易过程中,通过变动价格的方式将其所缴纳的税款,部分或全部转由他人负担的一种经济现象。税负归宿是与税负转嫁密切相关的概念,税负归宿是指税负转嫁的最终归着点[①]。与此同时,需要厘清另一组概念,即纳税人和负税人。纳税人是指依照税法规定必须缴纳税款的经济主体。负税人是指在税负转嫁行为结束后,最后真正承担税收负担的经济主体。

从政府征税至税负归宿是一个从起点到终点的税负运动过程。在这一过程中,税负最初由纳税人负担,然后通过转嫁(可能是多次),使税负的最终分布发生变化,而最终负担税负的人即为负税人。因此,要评价税收对收入分配的影响必须考察税收负担的最终分布,即税负归宿。

(二) 税负转嫁的形式

根据税负运动方向的特点,可以将税负转嫁方式分为前转、后转、消转和税收资本化四种方式。

(1) 前转。前传亦称"顺转",是指卖方纳税人通过提高所出售的产品、服务或要素的价格,将一部分或全部税收负担转嫁给买方的行为。一般来说,前转是税负转嫁最典型和最普通的形式,一

---

① 蒋洪,朱萍.公共经济学(财政学)[M].上海:上海财经大学出版社,2006.

般发生在商品和劳务的课税上。

(2) 后转。后转又称"逆转",是指买方通过降低购买价格的方式将税收负担转嫁给卖方的行为。例如,轿车生产企业若无法通过提高销售价格把税负转嫁给批发商,就会转而通过压低轿车的零配件进货价格,将税负转嫁给零配件供应商。

(3) 消转。消转又称"税收转化",即纳税人对其所纳税款,既不向前转嫁,也不向后转嫁,而是通过改善经营管理或改进生产技术等方法,自行消化税收负担。严格地说,消转是一种特殊的税负转嫁形式,因为它并没有把税收负担转嫁给他人。

(4) 税收资本化。在现实经济中,前转与后转往往同时进行,即纳税人将部分税款通过提高销售价格前转,部分税款通过压低进货价格后转。税收资本化是指在具有长期收益的资产(如土地、房屋)交易中,买主将购入资产在以后年度所必须支付的税款按一定的折现率折成现值,在购入资产的价格中预先一次性扣除,从而降低资产的交易价格。资产交易后,名义上由买主按期纳税,而实际上税款已通过税收资本化由卖主负担了。因此,税收资本化是一种特殊的后转。

税负转嫁的方式多样,因而企业缴纳的间接税(如增值税、消费税、资源税等)是否都转嫁给了消费者是不确定的。这也是计算企业税负水平高低的一个关键性难题。

二、税负转嫁的影响因素分析

纳税人承担的税负能否转嫁以及转嫁程度主要取决于产品、服务和要素的供求弹性、价格决定模式、税收的具体形式等因素。

(一) 供求弹性对税负转嫁的影响

在市场经济中,价格是由供给与需求的均衡点所决定的。课税会打破原有的均衡关系,使价格发生变动,而价格的变动幅度又取决于供给弹性与需求弹性的对比关系。一般来说,在其他条件相同的情况下,需求弹性大,则税负难以转嫁出去;反之,需求弹性小,则税负容易转嫁。即,需求弹性的大小与税负转嫁的难易程度呈反向关系。同理,供给弹性较大的商品,生产者可灵活调整生产数量,最终使其在所期待的价格水平上销售出去,因而所纳税款完全可以作为价格的一个构成部分转嫁出去;而供给弹性较小的商品,生产者调整生产数量的可行性较小,从而难以控制价格水平,税负转嫁困难。

(二) 税负转嫁与直接税和间接税

一种税属于直接税还是间接税对这种税的税负转嫁会产生一定影响。一般来说,直接税对所得或收入征税,和经济交易过程无密切关联,税负转嫁的途径较少,不易转嫁;间接税对所得或收入之外的经济活动征税,和经济交易的过程密切关联,税负可以通过前转、后转、消转等多种方式转嫁。

(三) 税收要素对税负转嫁的影响

政府所采用的税收方式对税负转嫁与归宿有着决定性影响。税收方式中影响税负转嫁的要素主要有以下两种。

(1) 征税范围。课税范围的大小会影响税负转嫁的数量和难易程度。一般来讲,在同类商品中如果只选择其中一部分作为课税对象,那么对生产者而言,税负转嫁就比较困难,因为消费者可以选购其他商品来替代因征税而价格上涨的商品,从而使生产者难以将税负通过提高价格转嫁给消费者;反之,若对同类商品普遍征税,消费者就会因无替代品而不得不接受因征税而提高的价格(如果该类商品对消费者而言是必需品),从而使生产者实现税负转嫁。

(2)征税对象。由于不同的产品或服务的供求弹性不同,选择不同的产品或服务作为课税对象,就会对税负的转嫁与归宿产生不同的影响。如果选择需求弹性大、供给弹性小的产品或服务作为课税对象,则税负主要由生产者承担;反之,如果选择需求弹性小、供给弹性大的产品或服务作为课税对象,则税负主要由消费者承担。

第四节 公共收费及其对企业的影响

公共收费,亦称"规费",主要是指政府机关和事业单位向企业或居民个人提供服务、产品或批准使用国有资源而向受益者收取的费用。它是国家财政收入的一种形式,根据《财政部关于印发〈政府非税收入管理办法〉的通知》(财税〔2016〕33号),非税收入是指除税收以外,由各级国家机关、事业单位、代行政府职能的社会团体及其他组织依法利用国家权力、政府信誉、国有资源(资产)所有者权益等取得的各项收入,以及政府取得的其他财政性资金。在我国经济运行实践中,相当长的一段时期内,公共收费名目繁多且主要由企业缴纳,从而形成了企业负担的一部分,甚至多于企业承担的税收负担。2015年以来,随着供给侧改革的实施,清费降费改革不断深化,取得了显著成绩。为了厘清企业究竟承担了公共收费中的哪些项目从而计算企业承担的收费负担,需要首先明确公共收费的定义、类型,以及它与税收的联系和区别。

一、公共收费的定义

公共收费是指政府向公民提供特定服务或实施特定行政管理所收取的费用,以及政府就其提供的公共产品和服务直接向使用者或受益者收取的使用费,包括行政性收费、事业性收费以及政府性基金。行政性收费是指国家机关、具有行政管理职能的企业主管部门和政府委托的其他机构,在履行或代行政府职能过程中,依照法律、法规并经有关部门批准,向单位和个人收取的费用。事业性收费是指事业单位向社会提供特定服务,依照国家法律、法规并经有关部门批准,向服务对象收取的补偿性费用。这两项收费一般称为政府性收费或行政事业性收费[①]。政府性基金是指各级人民政府及其所属部门根据法律、国家行政法规和中共中央、国务院有关文件的规定,为支持某项事业发展,按照国家规定程序批准,向公民、法人和其他组织征收的具有专项用途的资金,如电力建设基金、公路建设基金等。

二、公共收费的类别

(一)规费和使用费

在市场经济的条件下,公共收费主要包括规费和使用费两种。

---

① 郭庆旺,赵志耘.公共经济学[M].2版.北京:高等教育出版社,2010.

1. 规费

规费是公共部门(主要是政府行政部门)为个人或企业提供某种特定服务或实施管理所收取的手续费和工本费[1]。规费与政府提供的服务有着密切的关系,公共部门收取规费而提供相应的服务,使得受益人从中获得合法合规带来的便利。

因为市场经济本身存在的缺陷,有时无法达到最优状态,就由政府运用行政权力通过收费颁证的方式维护社会秩序,保障公众利益和公共安全。比如:为了维护公共安全,就需要建立户籍制度,颁发居民身份证;为了保障消费者权益,必须对食品、药品、危险物品等的生产、运输、保管、销售的过程进行严格的监管;为了保障公民的合法权益,需要展开行政仲裁、行政签证等工作。这些都是政府履行其职能的体现,政府在履行其行政许可职能的同时,也使得相应的自然人或者法人获得了某些行为权利,这些都是一一对应的关系。

2. 使用费

使用费是指政府就提供的特定公共设施或者公共服务对使用者收取的费用。这也是对政府提供产品或服务进行补偿的一个重要形式。一般来说,使用费的市场化程度比规费更高。使用费类似于市场价格,因为使用者要获得政府提供的物品或服务,就要付费。使用费的收费标准是由政府通过特定的程序制定的,依据的是受益原则,即"谁受益,谁负担",负担的多少与受益的程度直接相关。同时,这些公共设施使用者缴纳的使用费必须专款专用,专门用于该设施的建设以及维修。

---

[1] 赵全厚.论公共收费[M].北京:经济科学出版社,2007.

（二）行政事业性收费和经营性收费

按照我国通常的分类法，将公共收费分为行政性收费、事业性收费和经营性收费三种类型，这也是企业主要承担的费用负担。行政性收费是指国家机关及其授权单位在行使国家管理职能中依法收取的费用。基本上，行政性收费包括行政立法、执法和司法三个方面的收费。事业性收费是指非营利性的国家单位及相关机构在向社会提供公共服务时，依照有关政策规定收取的费用，其实质是对服务性劳动的部分补偿。但和事业性收费不同的是，实行经营性收费的企事业单位一般独立核算、自负盈亏，因而是一种市场价格行为，不仅保本，还要适当盈利。这一部分从企业获取的收入，因为信息不透明，是企业颇受质疑的一部分内容，也是当下改革的重点任务。

按照我国传统的收费分类法：行政性收费包括许可证、执照、签证、登记注册、司法费用，甚至自然资源的监督、使用和保护的费用等；事业性收费包括学校、科研、文化馆、图书馆、医院、剧团、体育馆、报社、出版社和书店等单位的规定收费；经营性收费包括交通运输费、邮电资费、文化娱乐费、房屋租赁费，甚至居民生活服务费、广告和保险收费等。从其内容来看，原来属于行政性收费的项目基本上是以规费的形式征收的。原来属于事业性收费和经营性收费的项目，则随着体制的改革和市场的发展，一些可由市场按盈利原则经营的产品或服务，逐渐从公共部门的收费中剥离出去，那些保留下来的必要收费项目，则基本上以使用费的形式存在。

三、公共收费与税收的关系

(一) 公共收费与税收的联系

公共收费和国家税收一样,都是政府收入的基本来源,所以在性质上,它们有很多共同点:①收费和收税的主体都是政府或其授权单位,执行主体相同;②公共收费的收入和税收的收入都属于财政性资金,都用来履行政府职能,它们的用途相同;③收费和税收都是国家参与国民收入再分配的重要途径,它们的收入依据相同;④收费和税收的征收过程都有一定的"规制",国家通过法定的程序来制定规章制度保证税收和公共收费的征收。

(二) 公共收费与税收的区别

虽然公共收费与税收有这些相同点,但是作为国家两种不同类型的财政收入,又存在以下四点区别。

(1) 税收具有无偿性,而公共收费具有有偿性。税收的无偿性是指税收主要是针对纳税人的能力来制定的,而不是根据受益原则来征收的。就一般的税收而言,税收收入与纳税人的受益程度之间没有直接的对应关系,个人缴纳税款后也无法直接从政府那里得到相应的回报,所以税收往往被看作是无偿性的。相反,公共收费是按照受益程度直接向受益者收取的费用,是基于商品或者劳务的交换过程的政府收入形式,因而是有偿的。

(2) 税收具有普遍性和强制性,而公共收费具有选择性和自愿性。与税收不同的是,公共收费项目的消费一般局限于某一个特定的范围,收费的特殊性而非普遍性决定了收费收入只是财政收入的一种补充形式。它是一个商品交换的过程，建立在双方自愿的基础上，所以公共收费具有自愿性。自愿性同时也意味着双方有着互相选择的权利，即选择性。不过由于公共收费的服务项目通常具有行政上或地域上的垄断性，所以人们实际的选择余地很小。

（3）税收的征收具有固定性，而公共收费的征收具有一定的灵活性。税的征收对象、征收标准都是由国家立法规定的，在相当长的一段时间内会保持不变。收费项目因为局部的差异性，所以没有办法制定统一的价格，通常都是由地方政府根据本地区的情况因地制宜地建立相应的收费制度。由于收费的立法层次较低，牵涉的范围较小，因而相对于税收而言，收费具有较大的灵活性。这也是各国地方政府收入中收费收入比重通常比中央政府中的大的一个主要原因。

（4）税收与公共收费在具体用途上不同。一般性税收没有指定的用途，通常是通过预算用于一般性的财政支出，它所提供的产品主要是具体受益对象难以确认的公共产品，如国防、一般的行政管理服务等。公共收费则一般用于专门的用途。收费只适用于特定的公共服务项目，即使纳入预算也有指定的用途，一般用于提供具体受益对象明确的混合产品，如高速公路、桥梁等公共设施或公共服务，收费在用途上比较注重受益者与付费者之间的联系。

四、公共收费对经济的影响

公共收费及其分类反映了一个国家财政收入的来源渠道及其发展阶段的特征。如从税收角度来看，在发达国家所得税是主要税收来源，而在发展中国家商品税是主要税收来源。我国由于发展阶段的特殊性,财政预算管理体制有待完善,因而在税收收入之外,曾经长期存在大量的规费和收费项目。这些收费项目主要的征收对象为企业,由此形成了企业的经济负担,加上税收负担,导致企业承担了较重的"税费负担",从而对企业的投资、生产、利润分配等产生了严重的扭曲效应。2015年以来,我国在推行供给侧结构性改革的同时,大力实施清费降费政策,显著改善了规费和使用费项目偏多、缴费资金规模偏大的问题。现实中,基于历史原因,有些规费和使用费项目的取消或者调低收费标准存在一定的困难,企业仍然承担了收费负担。因此,在计算企业税收负担的基础上,衡量企业承担的收费负担刻不容缓。

第三章
世界主要国家税费负担经验借鉴

在迎接全球金融危机十周年之际,世界经济呈现出复苏迹象。但在经济政策方面,仍面临重大困境。世界经济论坛(World Economic Forum,WEF)于2017年9月发布了《2017—2018年全球竞争力报告》,该报告根据12个竞争力指数对近140个经济体的竞争力做出了评估。该报告将经验和理论研究所确定的因素和制度评估作为决定生产率提高的因素,这同时也是长期增长和繁荣的主要决定因素。该报告总结了企业界高管认为在经济中最关键的因素,其中税负因素列在前三位。

全球化使个人和企业越来越多地倾向于去那些税负低的地方生活或投资,而这样自由化程度的提高,使各国政府不得不出台一系列税改政策来留住人才和企业,以增强本国竞争力。2015年以来,税负一直是各国各界学者关注讨论的热点,特朗普提出大规模地降税,掀起了新一轮世界减税浪潮。下面我们将从OECD的税负计算口径和世界银行的税负计算口径分别比较主要国家的税负情况,以期寻找我国可以借鉴的税制模式和改革经验。

第一节 OECD主要国家税负比较

一、OECD国家宏观税负比较分析

经济合作与发展组织(OECD)官网所提供的税收收入包括所得税、利润税、社会保险费(税)、货物和服务税、工薪税、所有权和转让权税以及其他税收。宏观税负是指税收总额占GDP的比重,表示政府通过税收收取的国内产出份额,它也可以被看作政府控制经济资源的程度,是全球广泛采用的衡量一国宏观税负的指标。

OECD发布的信息截至2016年,因此,本书搜集整理了2010—2016年OECD主要国家的宏观税负数据,主要包括美国、英国、德国、日本四国。同时,以OECD的宏观税负口径为参照,即以税收收入与社会保险基金收入之和占GDP的比重计算中国的宏观税负,绘制出2010—2016年OECD主要国及中国的宏观税负变化趋势(见图3-1)。

如图3-1所示,就宏观税负而言,中国并不高,处于较低水平。但是有稳中上升的趋势。以2016年为例,与OECD成员国34.26%的平均水平比较,我国为22.44%,低了10多个百分点。德国的宏观税负处于最高水平,有可能不利于经济发展。但是,德国在高税负前提下保持着高福利水平,如教育、社会保障、公共医疗卫生等福利性支出占其国家财政支出的一半以上。经过几次大幅改革,德国的公司税已低于美英等国,这对提高其企业竞争力将有很大帮助。我国大部分的政府开支则集中于经济建设,虽然福利性支出每年都在增长,但与发达国家比起来仍相差较远,税费的

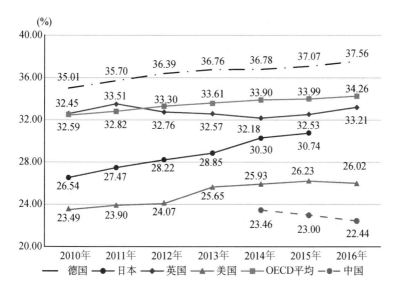

图 3-1　2010—2016 年 OECD 主要国家及中国的宏观税负变化趋势
（数据来源：OECD 官方数据库；国家统计局官网公布的《中国统计年鉴 2017》）

缴纳与社会福利的失衡使人们加倍感觉到税负的沉重。整体来说，我国的宏观税负水平是比较低的，但是由于不同的税率设定和计税依据，对于企业而言，宏观税负无法真实准确地反映出企业真正承担的税负。

二、世界银行测算的各国微观税负

为了进一步客观地分析各国税负现状，我们采用世界银行 2013—2017 年五年的税负数据分析比较主要国家的税负情况。考虑到印度与我国均属于中等收入发展中国家，我们将印度纳入比较范围以体现研究的科学性。

世界银行的总税率度是指不考虑增值税及个税等代扣代缴税

款,在一定时期内企业缴纳的税费,包括企业所得税、劳务税及其他税费之和占同期商业利润的份额;劳务税在中国指"五险一金"(养老保险、医疗保险、失业保险、工伤保险和生育保险,以及住房公积金),商业利润是指企业缴纳所有税款前的净利润,并非企业财务上的所得税前利润。

如图3-2所示,主要国家的税负变化情况与OECD口径测算出来的结果相异,中国的税负位于最高水平,并且始终居高不下,在68%附近小幅波动。2012年以来,无论是国外的测算还是我国企业家都表示,中国企业承担的税负较重。

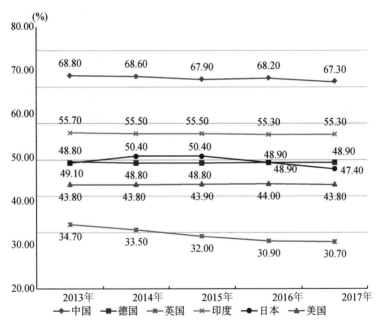

图3-2 2013—2017年世界银行测算的主要国家税负变化趋势

(数据来源:世界银行数据库)

对此,天津财经大学李炜光认为,世界银行总税率按照中国的说法叫商业利润税费率,税费主要来自企业所得税、社会保险费用和其他税种,并不包括可以转嫁的流转税,也就是说理论上这里的税费负担就是企业实际承担的税费,因而约68%的总税率并不存在虚高,考虑到中国企业税费抵扣不充分,甚至有可能存在低估的情况①。尽管对中国企业税负的全球排名是否居高位各方有不同看法,但对于中国当前企业税费负担重并没有争议。

为了给研究上海企业提供客观指标,我们参考了世界银行与普华永道事务所合著的《缴税2018》(*Paying Taxes 2018*)中亚洲税负痛苦指数(见表3-1)。在统计的190个经济体中,中国在亚洲的税负痛苦指数位居第12,高于印度和日本。

表3-1 2017年世界银行亚洲税负痛苦指数排行榜(部分) 单位:%

国家	所得税	工薪税	其他税	总税负
帕劳	65.8	9.6	0.1	75.5
中国	11.1	48.1	8.1	67.3
马绍尔群岛	0	11.8	53	64.8
印度	23.5	20.4	11.4	55.3
密克罗尼西亚	0	8.5	52	60.5
斯里兰卡	1.2	16.9	37.1	55.2
日本	24.6	18.5	4.3	47.4

资料来源:整理自 *Paying Taxes 2018*。

2017年,在全球减税浪潮下,印度政府也实施税改,通过了《商品服务税法》(Goods and Services Tax Bill,GST)。在新税制下,所有的出口征收零税率。进入21世纪以来,日本税制改革从单调的减税政策变为以结构改革为主体、多种政策辅助的综合性

---

① 陈益刊,李莉.中国企业税负全球第12? 主要是劳动力税率高[N/OL].第一财经, 2016-12-27.http://www.yicai.com/news/5192555.html.

政策。这说明亚洲的高税负国家都纷纷提出减税,来保证自己的国际竞争力。

另外,比较各国分解税负可以很明显地看到,中国的所得税税负和其他税负均不高,工薪税税负却高达 48.1%,几乎是印度的两倍、日本的三倍。工薪税(labour taxes)是指在我国缴纳的"五险一金"。这意味着我国的税负高于其他国家的主要原因是社会保险费的计算,这也是一直存在争议之处。

三、 国际税费负担衡量的经验借鉴

1. 税费负担测算标准不同导致税负差异显著

从上文中 OECD 税负测算口径和世界银行测算口径的对比来看,中国在两种口径下税负的差距较其他国家高。这可能是因为我国采用以流转税为主体的税制结构,个人承担的税费较少,当经济下行,企业发展变缓,盈利能力降低时,世界银行的税负测算口径中分母"商业利润"变小(分子改变远小于分母),从而使企业感觉税费的负担变重。发达国家中个人所得税占的比重较高,因而当测算口径变化、分母改变时,企业承担的税负改变相对较小。另外,我国世界银行口径下的税负近三倍于 OECD 口径下的税负,这从侧面反映出我国企业的盈利能力较低,企业成本过高。

两种税负测算方法都是在一定条件下对世界上不同的国家用相同的标准测算,每一种方法都有其合理与偏颇的部分,这源自各国的国情差异。比如,部分发达国家的个人所得税占比远高于我国,其他国家缴纳的劳务税在我国以费的形式缴纳。这说明我国与世界通行的税制格局仍然存在差异,因此,不断完善税制,使其向国际通行标准看齐是世界银行报告对我国税制改革的另一启示。

2. 高竞争力国家经验借鉴

根据《2017—2018年全球竞争力报告》,近140个经济体大致分为高税负高竞争力、高税负低竞争力、低税负高竞争力、低税负低竞争力四大类(基于世界银行测算口径)。其中,低税负高竞争力有新加坡(19.1%)和瑞士(28.8%),在我们选取的国家中有英国(30.7%),这些国家因为税负低,企业发展和个人投资环境宽松,所以经济发展迅速,竞争力强。

但也存在另一类经济体,他们在高税负下仍然具有很高的竞争力,如德国(48.9%)、日本(47.4%)。德国制造业出口贡献了国家经济增长的三分之二,这在保证了德国竞争力的同时也使其一直是欧洲乃至世界强国。我国提出的"中国制造2025"迫在眉睫,因而应创新企业体制,加快高端制造业的发展,以创新和研发为中心,鼓励我国高端制造业蓬勃发展。与此同时,日本经济产业省在2016年8月召开的产业机构审议会议上提出要利用机器人和人工智能(artificial intelligence,AI)推进"第四次产业革命",实现产业结构转型。

3. 国际税费改革对我国的启示

上海作为我国的金融中心,在新一轮科技产业革命之际,应积极应对。1990年以来,上海外商投资企业数量及其规模逐年攀升。此次特朗普大规模税改使美国拥有更低的税负环境、更透明的政商关系,在上海的美国资本将更有动力迅速地撤离。一旦其他国家先一步行动,而我国的税负仍然居高不降,外资可能陆续撤离上海。面对激烈的全球竞争,要想留住极可能外流的资本,上海应该以"新"为中心,研发新技术,开发新产业,积极转型经济。从需求出发,结合实际制定可行且科学的发展战略,利用好互联网等新科技。在制造业高端化的同时,大力投入人工智能,以科技优势带动经济发展,提升竞争力。新一轮的工业革命以人工智能为核心技术,上海应以国际最高标准、最好水平为目标,做好改革开放的排头兵、创新发展的先行者。

第二节 美国税改历程及税收负担分析

自 2017 年美国总统特朗普提出了近 30 年来最大幅度的减税政策以来,围绕美国减税引起了全球的讨论以及部分国家的减税改革浪潮。为了深入和全面分析我国以及上海的税费状况,在梳理和分析了国际主要衡量的税费指标后,我们接下来单独分析美国近 40 年著名的两次税改:里根时代的税改,特朗普税改。

一、里根税改

(一) 税制改革简介

里根总统上台之际,美国经济正处于高通胀、低增长的滞胀时代。拉弗曲线认为税负达到一定程度时国家收入反而会降低,里根采取拉弗等人的建议,尝试通过减税来使美国经济走出困境。同时,美国进行了一轮降息以辅助税改。里根政府的减税措施主要表现在两个重要法案中,分别是 1981 年的《经济复苏和税收法案》和 1986 年的《税制改革法案》,如表 3-2 所示。

表 3-2　里根时代税改情况①

税种	《经济复苏和税收法案》	《税制改革法案》	作用
个人所得税	1981年10月降低税率5%,在1982年、1983年的7月再分别削减10%,并且从1985年起实施个人所得税和通胀指数挂钩	将原来最低11%、最高50%的14档累进税率改为15%、25%、28%三档	降低税率、鼓励储蓄、简化税制
资本利得税	最低税率从28%降到20%。对于年所得2万~6万美元的,优惠税率10%;年所得6万美元以上的,优惠税率20%	最低税率20%降为17%	进一步减轻税负
企业所得税	1982年开始,低于年所得22.5万美元的公司所得税从17%降至15%;年所得22.5万~50万美元的公司所得税从20%降到18%	从最高46%、最低15%的5级累进税率调整为4级:15%、18%、25%、34%	刺激经济、增加投资、简化税制

（二）税制改革后的效果

《税制改革法案》是美国税法改革的重要里程碑,基本形成了美国税收体制的基本雏形②。1981年第一次税改实施后,国家财政收入减少,经济再次衰退,税率先降后升。由于滞胀并未完全消退,大规模减税使财政赤字扩张、利率上行,减税和高利率相抵使得居民和企业并未享受到减税带来的福利。1986年,又一次进行了大规模降税,辅以低利率政策,居民和企业才感受到税负的降低。里根时代的税改促使美国经济发展。

---

① 数据来源:财政部《税收制度国际比较》课题组.美国税制[M].中国财政经济出版社,2000.
② 第一金融课堂.以史鉴今:美国史上的三次税改(上)[EB/OL].搜狐财经,2017-12-11. http://www.sohu.com/a/209849826_711570.

二、特朗普税改

(一) 税制改革简介

"收缩"政策中重要的一环便是税改,特朗普政府意图用降税来刺激消费,吸引投资,号召海外资产回流。2017年的《减税和就业法案》是里根税改以来美国税法最大的一次调整。此次税改主要内容如表3-3所示。

表3-3 特朗普税改主要内容

税收条目	税改前	税改后
大企业所得税	35%	21%,2018年生效
小企业所得税	向企业主征收个人所得税	仍然按个人所得税征收,税前抵扣比率20%
海外利润汇回税	35%	现金类流动资产15.5% 非流动资产8%
个人所得税	七档:10%、15%、25%、28%、33%、35%、39.6%	七档:10%、12%、22%、24%、32%、35%、37%
按揭贷款抵扣	贷款100万美元以下的,享受税收减免	贷款超过75万美元不再享有利息抵扣
遗产税	个人起征点550万美元	保留遗产税,提高起征点至1 100万美元

资料来源:《减税和就业法案》(Tax Cuts and Jobs Act)。

此次税改的重点是企业所得税、个人所得税,以吸引国外资金回流。对美国企业留存海外的利润一次性征税,其中现金利润的税率为15.5%;同时,推行"属地制"征税原则,即未来美国企业的海外利润将只需要在利润产生的国家交税,无须向美国政府交税①。在个人所得税方面,保留现行7档税率不变,但大部分税率有所下降,其中最高税率从39.6%降至37%。另外,个人所得税标准抵扣额将翻倍,但对地方和州税等税收抵扣设定上限。其他小税种方面均进行微调或取消。总之,特朗普税改致力于吸引投资,增强美国再发展的竞争力②。

(二)税制改革评价

特朗普税改的目标是促进经济增长,有利于中产阶层家庭,保护劳动和就业,建立美国优先的税制体系。比较各国的总税率后发现,特朗普税改后,美国的税收负担低于主要发达国家的平均水平。因此,特朗普税改会吸引资本流入美国,刺激各国出台减税政策,引起新一轮全球减税浪潮,最终实现的目的是再造美国实体经济。截至2019年第三季度,特朗普税改对美国经济的突出影响表现如下。

1. 吸引国际资本和海外利润回流美国

资料显示③:在特朗普税改法案通过后,2018年第一季度美国企业就汇回了超过2 800亿美元的海外资金,2018年第二季度至2019年第二季度,虽然海外资金回流速度有所放缓,但仍然十分强劲,远超税改法案之前单季300亿~400亿美元的资金回流。税改后的2018年和2019年上半年,美国企业共汇回接近1万亿美元的海外资金。大部分科技巨头的海外现金存量,已经因税改

---

① 新华网.美通过30年来最大规模减税法案,影响几何[EB/OL].新华网,2017-12-22. http://news.xinhuanet.com/mrdx/2017-12/22/c_136845837.htm.
② 第一金融课堂.以史鉴今:美国史上的三次税改(上)[EB/OL].搜狐财经,2017-12-11. http://www.sohu.com/a/212746690_711570.
③ 沈建光.特朗普税改红利抒尽[EB/OL].经济观察网,2019-11-30. http://www.eeo.com.cn/2019/1127/370493.shtml.

法案的减税利好而回流至美国本土。

2. 美国股票市场总体走强

美国跨国巨头企业的海外资金回流,大量被用于回购本公司股票,美股估值被迅速推高。美国三大股指,特别是纳斯达克指数屡创历史新高,这在很大程度上与科技巨头激增的股票回购密切相关。美国债市的牛市也与海外资金回流有一定关联。

3. 对美国经济增长的刺激作用没有达到预期

根据特朗普税改的预期,税改后可以增加就业,提高国内的投资热情。但数据显示,2018年以来,美国固定资产投资的增速持续下行,没有出现任何反弹,这也与中美贸易摩擦的影响有关。总体而言,减税对美国私人投资的刺激作用明显低于预期,也没有解决美国经济中长期存在的制造业衰退、基建不足等结构性问题。

第三节 主要国家社会保险税经验与启示

世界各国养老保障制度的建立都比较晚,但发展却很迅速。目前,实行社会保险的国家共有160多个,其中建立了养老保障制度的国家有130多个。截至目前,国际上社会保险基金的征收方式有两种:缴费和征税。在荷兰国际财政文献局(International Bureau of Fiscal Documentation,IBFD)统计的212个国家(地区)中,有194个国家(地区)开征了社会保险税[1],其他国家则采用了缴纳社会保险费的办法,其中包括中国。

---

[1] 《世界税制现状与趋势》课题组.世界税制现状与趋势(2015)[M].北京:中国税务出版社,2016.

社会保障制度最初出现于19世纪90年代的德国,随后欧洲各国也逐渐建立起自己的社会保障制度,经过一个多世纪的不断发展,各国社会保障体系日趋完善。由于各国文化传统及社会构成存在差异,国内财政状况以及国民生活状态也有较大区别,故而各国的社会保障制度也不尽相同。目前,学界根据承保对象和承保项目的不同设置方式,将社会保障制度分为项目型、对象型和混合型三种社会保障制度,分别以德国、英国和美国为代表。尽管制度各不相同,但均有其独到之处,对我国进一步完善社会保障制度具有一定的借鉴意义。

一、德国——项目型社会保险税

德国是世界上首个建立社会保障制度的国家,经过一个多世纪的发展已经形成了较为完善的体系。德国采用社会保险税的方式归集社会保险费用。其社会保障体系分为养老保险税(pension insurance,PI)、医疗保险税(health insurance,HI)、失业保险税(unemployment insurance,UI)、工伤保险税(accident insurance,AI)及老年人关怀保险(nursing care insurance,NCI)五个部分。各部分均采用比例税率,分别如下:养老保险税率,雇主、雇员各9.35%;医疗保险税率,雇主、雇员各7.3%;失业保险税率,雇主、雇员各1.5%;工伤保险税率按照不同行业征收,2015年雇主的平均税率为1.19%;老年人关怀保险税税率,雇主、雇员各1.275%(详见表3-4)。

德国项目型社会保障税体系结构最大的好处是结构清晰、运转灵活,可以针对不同情况做出相应调整,而且便于征收管理。然而由于其基金管理方式为现收现付制,收益与负担不对等,一定程度上牺牲了一部分公平性,同时高福利增大了政府的财政负担。

表 3-4 德国社会保险税税率表

税目	税率
养老保险税(PI)	雇主、雇员各 9.35%
医疗保险税(HI)	雇主、雇员各 7.3%
失业保险税(UI)	雇主、雇员各 1.5%
工伤保险税(AI)	按照行业不同设置；2015 年雇主平均税率为 1.19%
老年人关怀保险税(NCI)	雇主、雇员各 1.275%

二、英国——对象型社会保险税

英国的社会保险税又被称为"国民保险税",是包含了养老、医疗、失业等一揽子保险项目在内的综合社会保险税体系。其将参保人员按照承保对象的不同,划分为"受雇领薪者""自雇人员""自愿缴款者""所得超过一定标准的自雇人员"四大类。第一类国民保险税的税率采用全额累进税率(参见表 3-5);第二类与第三类均采用固定税额,第二类人员每周征收 2.8 英镑,第三类人员每周征收 14.10 英镑;第四类采用的是超额累进税率,对经营利润在 8 060~43 000 英镑的按照 9% 税率征收,超过 43 000 英镑的按照 2% 征收(参见表 3-5)。英国社会保险税征收工作由国家税务局负责,采取源泉扣缴和自行申报相结合的方式,其中,雇员缴纳的部分采取源泉扣缴方式。

英国对象型社会保险税的优点是根据不同的服务对象设置税率,提高了社会保障服务的公平性。同时,社会保险税的收入不会随着经济波动而变化,减少了经济萧条对于整个社会福利水平的影响。其缺点是社会保障体系灵活性较差,返还性较弱,而且因为采用全额累进税率,税率临界点会导致税负剧增。

表3-5 2016—2017纳税年度英国第一类国民保险税税率表

雇员收入总额(英镑)	每周:112~155 每月:486~672	每周:155.01~827 每月:672.01~3 583	每周:超过827 每月:超过3 583
雇主	0%	A、B、C、J类:13.8% H、M、Z类:0%	13.80%
雇员	0%	A、H、M类:12% B类:5.85% J、Z类:2%	2%

资料来源:英国政府官网(https://www.gov.uk/national-insurance-rates-letters/contribution-rates)。

注:雇主在制作工资单时把员工分为7类:A类,指大部分员工;B类,指已婚妇女;C类,指超过国家养老金年龄的雇员;J类,指另谋他职的雇员;H类,指25岁以下的学徒;M类,指21岁以下的雇员;Z类,指已在另一份工作中缴纳国民保险税的未满21岁的雇员。

三、美国——混合型社会保险税

美国社会保障体系脱胎于欧洲各国,经过一个多世纪的发展形成了目前的社会保障体系。美国社会保险税是包含项目型和对象型两种模式的混合型社会保险税,由一般社会保险税、失业保障税、铁路工人保障税三个税种组成。前两者根据承保项目设置,铁路工人保障税则根据承保对象设置,三个税种均采用比例税率。社会保险税由美国国家税务局负责征收,税款上缴国库后按照规定比例转入联邦社会保障信托基金托管委员会开设的各种保险信托基金账户,然后由财政部根据社会保障署的用款计划按照项目划分资金,资金结余用于购买政府债券。这一模式的优点是灵活性和适应性很强,能够及时满足一般项目需求或特殊项目需求;其缺点是由于征管不统一,征收难度较大。

四、三类社会保险税模式对比分析

对世界上主要的三类社会保险税模式的梳理如表 3-6 所示。由表 3-6 可知,纳税人主要为雇主、雇员以及自雇人员;税率则分别为差别税率、固定税额、全额累进税率以及超额累进税率等四种方式。计税依据一般为雇员的工资薪金收入,自雇人员则为其经营所得。同时,德国和美国均设置了最高限额,英国的第一类、第二类国民保险税设置了起征点,但未设置最高限额。

表 3-6 国外社会保险税对比分析

类型	项目型	对象型	混合型
典型国家	德国	英国	美国
纳税人	(1) 全民(医疗保险税) (2) 雇员与雇主 (3) 雇主(工伤保险税)	(1) 雇主与雇员 (2) 自雇人员 (3) 无收入人员	(1) 雇员与雇主;自营职业者(年收入低于 400 美元的除外) (2) 雇主(失业保障税) (3) 铁路的雇主与雇员
税目	(1) 养老保险税(PI) (2) 医疗保险税(HI) (3) 失业保险税(UI) (4) 工伤保险税(AI) (5) 老年人关怀保险税(NCI)	(1) 第一类国民保险税 (2) 第二类国民保险税 (3) 第三类国民保险税 (4) 第四类国民保险税	(1) 一般社会保险税:包括老年、遗属和残疾保障(Old-Age, Survivors, and Disability Insurance, OASDI)以及医疗保障(HI) (2) 失业保障税 (3) 铁路工人保障税

(续表)

类型	项目型	对象型	混合型
税率	(1) PI:雇主雇员各9.35% (2) HI:雇主雇员各7.3% (3) UI:雇主雇员各1.5% (4) AI:各行业不同,2015年平均税率为雇主1.19% (5) NCI:雇主雇员各1.275%	(1) 第一类:详见表3.7 (2) 第二类:每周2.8英镑(起征点为5 965英镑) (3) 第三类:每周14.10英镑 (4) 第四类:利润:8 060~43 000英镑部分,9%;超过43 000英镑部分,2%	(1) OASDI: 雇主及雇员各6.2%; 自营职业者:12.4%; HI:雇主及雇员各1.45%; 自营职业者:2.9% (2) 失业保险税:6% (3) 铁路工人保障税: 第一级雇主及雇员各6.2%; 第二级雇主14.75%,雇员4.25%
计税依据	工资薪金	(1) 第一类:雇员收入总额 (2) 第二类:每年的经营利润 (3) 第三类:自愿参保 (4) 第四类:每年的经营利润	(1) 一般社会保险税:雇主及雇员:雇员工资薪金;自营职业者:自营所得 (2) 失业保险税:雇员工资 (3) 铁路工人保障税:雇员工资
最高限额	(1) PI、AI:74 400欧元/年 (2) HI:50 850欧元/年 (3) NCI:56 250欧元/年	无	OASDI:118 500美元/年; HI及失业保障税:无

四、社会保险制度的借鉴与启示

1. 征收社会保险税对上海的借鉴与启示

总体来说,上述三种社会保障体系建设完善,覆盖面广,税率稳定,税收优惠项目设置全面,社保基金来源稳定。对比美国、英国、德国的社保保险制度后,可以发现三种社会保险制度均有各自特点。美国的社保税税率十分稳定,从20世纪至今都没有采取提高税率的方法来缓解人口老龄化压力,反而实施了一定的优惠税率,并且大力发展私人养老保险支柱来分散养老风险。英国也设置了全面的税收优惠项目,以及合理的缴费上下限,税收累退性的影响远远低于我国。我国在借鉴国外主要社保税制度的基础上,应结合我国具体社会结构、经济发展水平来确定开征社保税的可行性与必要性。

截至2017年年底,上海60岁及以上老年人口数量已经达到539.12万,占户籍总人口比例突破30%,老龄化、高龄化趋势进一步加重,成为目前我国老龄化程度最严重的城市之一。面对未来老龄化高峰严峻形势的预期,职工风险意识普遍增强,迫切需要国家通过社会保障制度为其生存提供基本物质保障。上海也具备开征社保税的社会基础、经济基础,同时上海也拥有信息化、完备的征管基础。以上均为上海社保税的试点征收奠定了基础。因此,上海可借鉴国外社保税成熟经验,在完善社保体系的同时,也能使社会保障资金收支得到平衡,缓解人口老龄化所带来的支付压力。

2. 各国社会保险费征管借鉴

世界各国因历史、制度设计、经济发展等因素,社会保障体制各具特色,社会保险费用的征收主体也存在差异。各个国家之所以在征收主体的选择上存在差异,是因为其各自的国情和社会保障体制的差异。征收主体在选择上不存在绝对的优劣,对于大部分发达国家而言,社会保障基本已经实现全面覆盖。我国将社会保险费征收主体的选择权赋予省级政府,各地区实际征缴情况各不相同。对于我国这样的发展中国家而言,提高社会保障覆盖率将成为未来较长一段时间内社会保障体制改革的方向。不论采取何种征缴模式,社会保障部门与税务部门之间的沟通合作都显得尤为重要。

第四章
上海企业的税收负担

基于研究需要,我们选用了国泰安 CSMAR 数据库 2012—2018 年的年报数据。我们将截至 2018 年 12 月 31 日,上海证券交易所、深圳证券交易所、中小板市场、创业板市场上市的企业中,注册地为上海的均纳入研究范围,共计 305 家企业[①]。我们对 305 家公司进行了筛选:第一步,剔除 2 家农业渔业类上市公司。第二步,剔除 15 家金融保险类企业,这是因为金融行业财务报表的要求和一般非金融企业的要求不一样。第三步,剔除 9 家 ST 类上市公司。第四步,剔除 2014 年以后上市的公司。第五步,剔除各项税负指标最大的 4 家公司以及社会保险缴费数据不足的公司 1 家,筛选后保留了 165 家上市公司的相关数据信息。

以下将分别从流转税税负、综合税负 A、综合税负 B、所得税和总税负五项指标初步考察上海上市公司税收负担情况,主要从所有权属性、产业结构两方面展开分析。

---

① 上市公司信息见上海证券交易所、深圳证券交易所的官网。

第一节 国有、非国有上市公司企业税负比较分析

一、流转税税负对比分析

衡量流转税税负的指标采用了国泰安数据库的流转税为标准:

$$流转税税负 = \frac{营业税金及附加}{营业总收入} \times 100\% \qquad (4-1)$$

我们根据1%的极值剔除标准进行剔除后,以每年公司数为分母求均值,得到了每年国有、非国有企业的流转税税负平均值,以此绘出上海国有、非国有上市公司流转税税负变动趋势(见图4-1)。

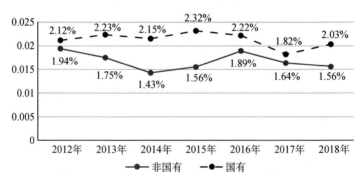

图 4-1 上海国有、非国有上市公司流转税税负变动趋势

如图4-1所示,2012—2014年,非国有企业的流转税税负平均值持续走低,从1.94%下降到1.43%;2015—2016年又开始回升,从1.56%上升至1.89%;接近2017年开始下降,到2018年又

回到2015年的水平1.56%。国有企业流转税税负平均值整体在2%~2.5%浮动,始终高于同期非国有企业的流转税税负;其中,2017年国有企业的流转税税负降幅为0.4%,大于非国有企业的降幅0.25%,2018年再次拉开差距。总体上来看,非国有企业的流转税税负低于国有企业。

2012—2018年,非国有企业的流转税税负在波动中呈下降趋势,说明减税降费成效逐步显现;国有企业流转税税负整体稳定,二者的流转税税负差距逐步缩小。这说明营商环境进一步向好,纳税公平得以体现。

为了更好地分析比较国有和非国有企业的流转税税负,以2%为间隔将企业的流转税税负分为6个等级,统计落在不同区域的企业数量,得出企业个数统计(见图4-2)。

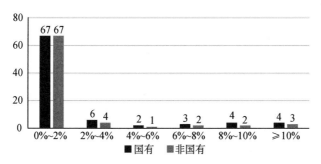

图4-2 上海国有、非国有上市公司流转税税负不同等级企业数量分布

图4-2更为直观地显示,国有、非国有企业的流转税税负大部分集中在2%以下的税级中。国有和非国有企业均为67家,其中,国有企业占其总数的76.14%,非国有企业占其总数的81.71%。这进一步说明了,上海国有企业和非国有企业在税收公平方面情况较好,而且流转税税负低税负企业的聚集度在增加。

在流转税税负 2%～4% 级距中,国企有 6 家,非国有企业有 4 家;在 4%～6% 级距中,国企有 2 家,非国企有 1 家;在 6%～8% 级距中,国企有 3 家,非国企有 2 家;在 8%～10% 级距中,国企有 4 家,非国企有 2 家,由此看出,国企的流转税税负高于非国企;大于 10% 的级距中,国企有 4 家,非国企有 3 家。

二、综合税负 A 比较分析

综合税负 A 是指企业缴纳的营业税金及附加和所得税费用占营业收入的比重,是用营业税金及附加和所得税费用占营业收入的比重衡量企业综合税负,参见式(4-2)。

平均后得到每年国有和非国有企业的综合税负 A 的年平均值,并绘出趋势图(见图 4-3)。

$$综合税负 A = \frac{营业税金及附加 + 所得税费用}{营业总收入} \times 100\% \quad (4-2)$$

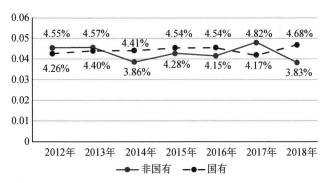

图 4-3 上海国有企业、非国有企业上市公司综合税负 A 变动趋势

由图 4-3 可知,国有企业和非国有上市公司的综合税负 A 比较接近。国有上市公司的综合税负 A 整体比较平缓,在 4.26%～

4.68%,仅2017年略有下降,2018年再次上升。非国有上市公司的综合税负A波动明显,2012—2013年比较平稳,2014年开始下降,2017年升至7年中最高水平4.82%,2018年又显著下降为3.83%。因为综合税负A是营业税金及附加与所得税之和占营业总收入的比重,非国有企业的综合税负A变化明显,说明其利润波动相对较大。由图4-3可知,非国有上市公司盈利情况不稳定,而且获得利润的年度内可能获得的税收优惠较少。因此,在利润增加的年度内,其所得税上升。由此可推测,在所得税政策方面,非国有上市公司与国有上市公司在税收公平方面差距明显。

进一步地,以4%为间隔将综合税负A的税负分为6个等级,如图4-4所示。由图4-4可知,国有、非国有上市公司主要集中在8%以下的税负等级中,其中:在4%~8%等级中,非国有上市公司的数量多于国有上市公司;综合税负A超过8%的国有企业和非国有企业分别为14、11家。

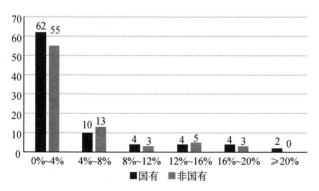

图4-4 国有、非国有上市公司综合税负A不同等级企业数量分布

三、 综合税负 B 对比分析

采用国泰安数据库中的标准,将商业利润设为分母测算企业实际承担的税负,即综合税负 B,世界银行测算各国总税负采用的也是这一公式,即式(4-3)。此指标计算出来的税负率便于与其他地区比较。依据其年平均值,绘出综合税负 B 的趋势图(见图 4-5)。

$$综合税负 B = \frac{营业税金及附加 + 所得税费用}{利润总额} \times 100\% \quad (4-3)$$

图 4-5 国有、非国有上市公司的综合税负 B 变动趋势

综合税负 B 与此前两个指标最大的区别是分母为上市公司的利润总额。如图 4-5 所示,国有和非国有上市公司综合税负 B 的变动趋势都十分明显。非国有企业的综合税负 B 在 2012—2015 年缓步下降后,逐步开始上升,直到 2018 年上升为 7 年中的最高点 39.82%。这意味着,非国有上市公司每百元利润中有 39.82 元缴纳税款。据此估测其综合税负,也是不低的。与此相对应的是,国有上市公司的综合税负在波动中开始下降,尤其明显的是,其自 2015 年开始一直下降,直至 2018 年国有、非国有上市公司的数据基本接近。

由图 4-1、图 4-3 可知,上海的国有、非国有上市公司的流转税负和综合税负 A 总体水平比较接近。例如,流转税负均在 1.43%～2.32%变动,包括了所得税在内的综合税负 A 均在 3.83%～4.82%波动。与之相反,综合税负 B 国有、非国有上市公司差异较大,同时期的波动范围在 24.98%～47.36%。综合税负 A 与综合税负 B 之间唯一的差别是其分母分别是营业收入和利润总额。据此可知,非国有企业的成本变动较大,盈利能力偏弱。

进一步地,以 10%为间隔将综合税负 B 分为 12 个税负等级,统计出不同税负等级的企业数并做出企业数统计图(见图 4-6)。

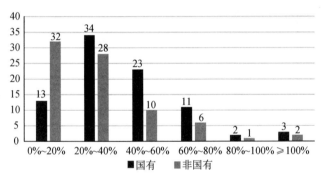

图 4-6 国有、非国有上市公司综合税负 B 不同等级企业数量分布

如图 4-6 所示,国有上市公司综合税负 B 主要集中在 20%～40%,有 34 家;非国有上市公司综合税负 B 主要集中在 0%～20%,有 32 家;最为突出的是,有 23 家国有上市公司的综合税负 B 落在 40%～60%,占国有上市公司的 26%,落在 60%～80%的国有企业有 11 家,占国有上市公司的 12.5%,无论是数量还是税负,都明显大于非国有上市公司。这与图 4-5 反映的趋势相一致,那么突出的问题是,国有上市公司的综合税负 B 较高显然不利于其长远发展,这需要在国企改革中加以重视。

四、 所得税税负对比分析

采用国泰安数据库中所得税税负标准,即式(4-4),计算上海上市公司中的国有企业和非国有企业所得税税负,如图4-7所示。

$$所得税税负 = \frac{所得税费用}{利润总额} \times 100\% \qquad (4-4)$$

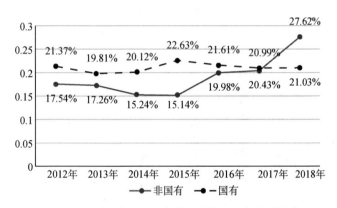

图 4-7 国有、非国有上市公司所得税税负变动趋势

由图4-7可知,国有企业的所得税税负总体平稳,而非国有企业的所得税税负整体上升,尤其在2015年之后上升较快,从15.14%上升到27.62%。结合图4-1和图4-2来分析国有企业的所得税税负,发现两个问题:一是国有企业的盈利能力没有明显提升,二是国有企业在成本管理方面仍有较大的优化空间。相较而言,非国有企业的所得税在2016—2018年持续上升,一方面说明其盈利能力增强,另一方面则说明在税收公平方面需要进一步观察和讨论。

如图4-8所示,国有和非国有上市公司的所得税税负主要分布在 10%~30%。其中,国有上市公司所得税税负分布在 10%~20% 的企业有 26 家,占国有上市公司 88 家的 29.55%,非国有上市公司有 40 家,占其上市公司 82 家的比重为 48.78%;所得税税负分布在 20%~30% 的国有企业有 48 家,占国有上市公司的比重为 54.55%,非国有上市公司这一比重为 21.95%。由图 4-8 可知,国有企业的所得税税负高于非国有企业。主要的原因是国有企业成本高,形成的利润总额偏低。

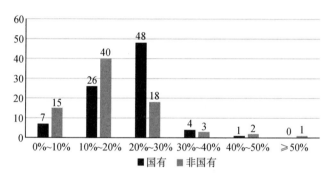

图 4-8 国有、非国有上市公司所得税税负不同等级的企业数量分布

五、 总税负对比分析——基于现金流量表

在实践中,公司主要通过已缴纳的税费占营业总收入的比重衡量其税费负担。据此,基于数据的可得性,选用 Choice 数据库的相关财务数据,并摘选现金流量表中的"支付的各项税费"和"收到的税费返还"指标,同时参考刘骏和刘峰(2014)提出的衡量总税负的标准:

$$总税负 = \frac{支付的各项税费 - 收到的税费返还}{营业总收入} \times 100\% \quad (4-5)$$

计算企业实际缴纳的总税负作为衡量企业税收水平的标准,绘出总税负的趋势图(见图 4-9)。

图 4-9 国有、非国有上市公司总税负变动趋势

如图 4-9 所示,非国有企业的总税负整体高于国有企业。2012—2018 年,非国有企业的总税负平均值大部分都在 8% 以上,要特别指出的是,2018 年高于 2017 年。在我国大规模减税降费的政策改革中,为何非国有企业的总税负在上升,这是值得我们进一步讨论和分析的问题。与此不同的是,国有上市公司的总税负几乎没有变化,而且整体呈上升趋势。这说明在减税降费过程中,大企业可能并未获得更多的机会,这不利于规模以上企业的经营和长远发展。

如图 4-10 所示,国有企业的总税负比较集中于 4% 以下,为 38.64%。在 8% 以下则集中了 70.45% 的企业;而非国有企业在 4% 以下占 26.83%,在 8% 以下则集中了 63.41%。总体而言,非国有企业实际缴纳的税费高于国有企业,由此需要引起重视的问题依然是不同所有制企业之间的税收公平问题。

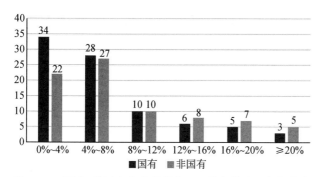

图 4-10 国有、非国有企业总税负不同等级的企业数量分布

第二节 第二、第三产业上市公司税负比较分析

上海第二产业与第三产业的税负也存在差异。据此,为了全面了解上海第二、第三产业的税负情况,本书将已经筛选的 165 家上市公司按照第二、第三产业分类,其中处于第二产业的上市公司有 89 家,处于第三产业的上市公司有 76 家。接下来,也将按照流转税税负(营业税金及附加占营业收入之比)、综合税负 A(营业税金及附加与所得税之和占营业收入之比)、综合税负 B(营业税金及附加与所得税费用之和占利润总额之比)、所得税税负(所得税费用占利润总额之比)和总税负(企业实际支付的各项税费占营业总收入之比)共五类指标展开比较分析。

一、流转税税负对比分析

2009 年开始,上海第三产业生产总值占 GDP 比重超过 50%;截至 2019 年,上海第三产业生产总值占比达到 70%以上。因此,分析第二、第三产业的税负情况对于第二、第三产业的发展至关重要。基于国泰安数据库信息整理后,以2012—2018年平均值绘得流转税税负趋势,如图4-11所示。

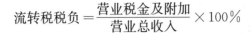

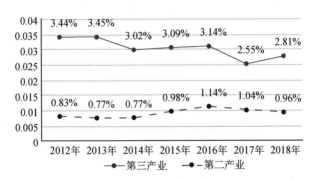

图4-11 第二、第三产业的上市公司流转税税负趋势

图4-11显示:第二产业流转税税负平均值在2012—2018年变动极小,而且均处于1%左右的较低水平;第三产业流转税税负明显高于第二产业,在波动中呈下降趋势。减税降费的成果开始显现,2017—2018年,年均第二、第三产业流转税税负低于3%,2018年略有上升。进一步分析其原因,"营改增"首先在上海进行试点,并在交通运输业和部分现代服务业开展,而这两个行业在第三产业中占比比较大,因而第三产业流转税税负平均值下降比第二产业要明显得多。随着"营改增"政策的不断推行,营业税逐渐退出历史舞台,第三产业的流转税税负也趋于稳定。

进一步地,以2%为间隔将企业的流转税税负划分为6个等级,计算第二、第三产业在各个等级的分布情况,并绘出统计图(见图4-12)。

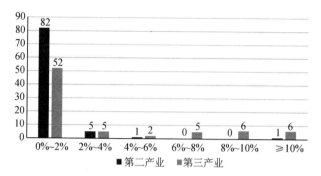

图 4-12　第二、第三产业的流转税税负不同等级的企业数量分布

如图 4-12 所示,第二、第三产业的流转税税负大多集中在 0%~2% 的水平,其中第二产业的上市公司大都居于 0%~2%,原因是第二产业企业主要缴纳增值税,而第三产业缴纳的营业税包括在营业税金及附加中。因此整体而言,第三产业承担的企业营业税税金及附加更多。

二、综合税负 A 对比分析

综合税负 A 是上市公司营业税金及附加与所得税费用之和占营业收入的比重。为了得到 2012—2018 年的变动趋势,采用年平均值绘制趋势图(见图 4-13)。

$$综合税负 A = \frac{营业税金及附加 + 所得税费用}{营业总收入} \times 100\%$$

如图 4-13 所示,第二、第三产业综合税负 A 的平均值在 2012—2018 年处于小幅波动状态。第二产业综合税负 A 的平均值在 2.83%~2.36% 小幅波动,第三产业的综合税负 A 在 6.23%~6.51% 波动中上升,而且明显高于第二产业 4% 左右。

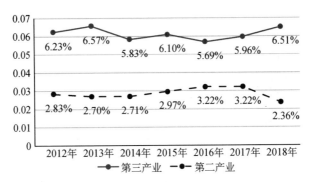

图 4-13 第二、第三产业综合税负 A 变动趋势

尤其明显的是 2018 年,第二产业在波动中下降,第三产业则在上升,二者之间差距加大。2018 年的减税降费力度颇大,政策倾向于第二产业,因而其流转税税负下降趋势明显;相应地,第三产业在刺激消费政策的影响下,发展情况良好,因而在营业收入、盈利能力俱佳的情况下,税负上升。为进一步分析第二、第三产业的情况,以 4% 为间隔将综合税负 A 分为 6 个等级。

如图 4-14 所示,上海第二、第三产业上市公司综合税负 A 多数集中在 0%~4% 的水平,其次是 4%~8% 这一等级。第二产业

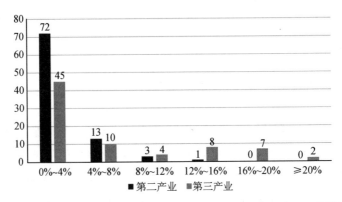

图 4-14 第二、第三产业的上市公司综合税负 A 不同等级的企业数量分布

上市公司综合税负 A 主要分布在 8% 以内,超过 8% 的只有 4 家。与此相对应的是,第三产业中综合税负 A 超过 8% 的上市公司有 21 家,占比 27.28%。这不仅与图 4-13 显示了同样的问题,而且进一步说明,17 家上市公司综合税负超过了 12%。这还没有考虑社会保险费及企业上缴的其他规费,因而需要引起重视并进一步展开分析。

三、综合税负 B 对比分析

流转税通常可以转嫁给消费者,而所得税则主要由企业承担。因此,要进一步考察企业所得税占利润总额的比例,即综合税负 B。

$$综合税负 B = \frac{营业税金及附加 + 所得税费用}{利润总额} \times 100\%$$

如图 4-15 所示,第二产业和第三产业的综合税负 B 变动呈相反趋势。2012—2018 年,第二产业的实际所得税税率从 2012

图 4-15　第二、第三产业上市公司综合税负 B 的变动趋势

年的27.18%升至2018年的41.60%,同期第三产业的综合税负B则在波动中下降,但是第三产业的综合税负B整体高于第二产业。第三产业综合税负B的平均值波动相对较大,在2013年达到最高点44.78%,但随即在2014年降到36.20%,随后在2015年、2016年有所上升,2017年显著下降后,2018年再次增加。这估计是"营改增"政策的实施和调整、物价、消费等综合原因所致。

进一步地,以10%为间隔将综合税负B分为12个税负等级并制作企业数统计图(见图4-16)。

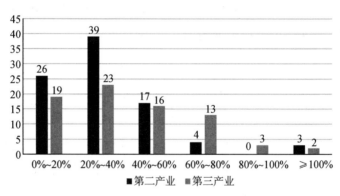

图4-16 第二、第三产业上市公司综合税负B不同等级的企业数量分布

如图4-16所示,第二产业的综合税负B主要集中在20%~40%的税负等级,第三产业的综合税负B则在0%~20%、20%~40%、40%~60%、60%~80%四档中较均匀地分布。这表明第三产业的综合税负B整体高于第二产业,侧面反映出第三产业的盈利水平高于第二产业。部分公司(上海建工、华丽家族等)综合税负B的平均值竟超过了100%,这有待进一步研究。

四、所得税税负对比分析

$$所得税税负 = \frac{所得税费用}{利润总额} \times 100\%$$

第二、第三产业的上市公司所得税税负情况如图 4-17 所示。图 4-17 中的趋势表明,第二、第三产业的所得税税负趋势差别显著。第二产业的所得税税负逐渐上升,从 2012 年的 17.92% 增加到 2018 年的 27.58%;而第三产业所得税税负相对平稳,一直在 17.94%~21.42% 小幅波动。尤为突出的是,2017 年、2018 年,两个产业的税负差异在加大。

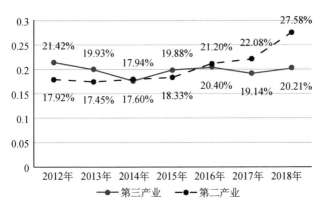

图 4-17　第二、第三产业上市公司所得税税负的变动趋势

进一步地,以 10% 为间隔将所得税税负分为 6 个等级绘出统计,如图 4-18 所示。第二、第三产业的所得税税负大部分集中在 10%~30% 的税负等级,相较于我国 25% 的所得税税率,还是略高。

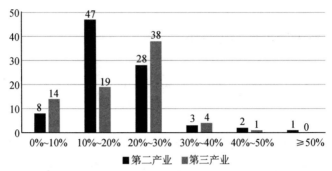

图 4-18 第二、第三产业上市公司所得税税负不同等级的企业数量分布

五、总税负分析——基于现金流量表

以上研究数据均来自国泰安 CSMAR 数据库,为进一步考察上市公司税负在不同产业结构下的情况,利用来自 Choice 数据库的数据,按照产业结构进行重新分类,以进一步分析上海上市公司的总税负。考察公司按照产业结构划分的总税负平均变化趋势,并以此绘出趋势图(见图 4-19)。

$$总税负 = \frac{支付的各项税费 - 收到的税费返还}{营业总收入} \times 100\%$$

图 4-19 第二、第三产业的上市公司总税负趋势

如图 4-19 所示,第三产业总税负波动剧烈且始终高于第二产业。第二产业总税负相对波动较小,稳定在 5.7%～6.84%。进一步地,以 4% 为间隔将总税负分为 6 个等级并绘出统计图(见图 4-20)。

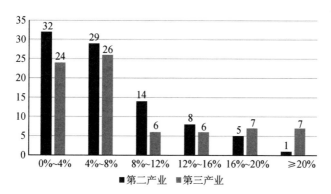

图 4-20　第二、第三产业的上市公司总税负不同等级的企业数量分布

如图 4-20 所示,第二、第三产业总税负均大部分集中在 0%～12%,而第三产业总税负在 12%～24% 的公司数量较第二产业多,甚至有 7 家的总税负超过 20%。这进一步说明第三产业税负水平远高于第二产业。

第三节　异质类企业税收负担的比较研究[①]
——基于上海上市公司样本

初步调研和搜集整理信息后发现,目前上海企业因行业不同、所有权结构不同、规模不同而产生税收负担差异。目前已有资料

---

① 陈明艺,李娜,王冬,等.基金项目:异质类企业税收负担的比较研究——基于上海上市公司样本[J].上海经济研究,2018(3):52-60.

显示:传统行业税费负担率较高;税收优惠政策主要集中在高新技术领域;所有权结构不同导致同一行业的企业税负不同。同一行业,上海民营企业纳税比率的集中度高于国有企业。中小型企业因为信息不对称、申报程序复杂、税收优惠政策缺乏长期性等原因而放弃了申请优惠政策。基于数据的可得性,我们首先运用上海上市公司的数据检验国有、非国有企业,分属第二、第三产业,主板市场、中小板市场及创业板市场上市公司的企业税收负担情况。

一、已有研究回顾

20世纪以来,国外学者主要采用平均有效税率来衡量企业的实际税费负担水平。有学者在1983年(Zimmerman,1983)较早发现公司规模与企业有效税率呈正相关关系。随后,学者们开始讨论衡量税负的标准,例如:有学者(Porcano,1986)用公式"当期联邦所得税费用/(税前会计利润 - 来自非子公司的投资收益 + 非经常性损益)"计算企业的实际所得税率;另有学者(Wilkie,1988)则提出了总税负的概念,即用缴纳税费与税前经济收益的比值为标准来衡量企业税负,忽略所得税和增值税的区别,将各税收总和作为分子与税前利润相比。进入21世纪后,学者们的研究重点转为检验影响上市公司税负的因素分析。研究发现:马来西亚的上市公司中,国有股权比例越高的公司税收负担越低(Adhikari et al, 2006);澳大利亚的上市公司企业的负债程度、资本密集度均与有效税率呈负相关(Richardson & Lanis, 2007);以俄罗斯、巴西、中国、印度的公司为样本研究后发现,企业规模、杠杆率和盈利能力与企业税费负担呈正相关关系(Elena et al, 2014);来自我国的公司样本则表明,税收负担不利于第二产业的结构转型,而对第三产业的产业结构合理化呈倒 U 形影响(Ma et al,2016)。

国内关于企业税费负担的研究主要集中在如何界定衡量企业税收负担、检验影响企业税收负担的因素分析两方面。关于界定企业税收负担内涵的文献较多,李炜光、臧建文(2017)全面、清晰地分析了 2008 年以来我国具有代表性的相关文献后提出,借鉴世界银行的"总税率"概念,即用当期应交税费除以商业利润的比值衡量企业实际税负水平更符合税收性质。张瑶、朱为群(2017)从宏观税负与企业税负、名义税负与实际企业税负、直接税负与间接税负三方面辨析企业税负的概念后提出,由于受多种可比因素的限制,对企业税负水平进行国际间的横向比较得到的结论仅仅是一个事实判断而非价值判断。

与此同时,学者们以上市公司为样本检验影响企业税负的因素。研究表明,企业国有股权比例与实际税率正相关,非税收优惠企业的国有股权正向税负效应高于享受税收优惠的企业(吴联生,2009)。不仅如此,将企业根据产权不同进行区分后检验发现,国有企业税负与市场化程度显著负相关、民营企业税负与市场化程度不存在相关关系,而且市场化程度可降低代理成本对企业税负的正向影响,我国国有上市公司的税负显著低于非国有上市公司(刘骏等,2014)。

已有文献大多认为我国企业税收负担过重,并较为详细地分析了我国企业税收负担的真实水平和影响因素。但是,目前针对某一特定地区企业税收负担的研究较少,同时也忽略了不同地区之间企业税负存在较大差异,并且将研究重点置于对企业所得税税负的研究,较少文献将流转税与其他诸多税负衡量标准纳入考察范围。据此,本文将选取不同的合理的指标来衡量企业税费负担,根据上海上市公司已披露的数据,分别从所有权性质、行业结构、企业规模等方面研究测算上海企业税收负担水平。

二、研究假设与变量设置

(一)研究假设

为更加有理有据地研究上海企业税收负担,本书在梳理了相关文献以及权威资料后,就企业所有权性质、行业结构、企业规模对企业税负的影响设定理论假设,为提出解决方案、提升上海竞争力奠定实证基础。

1. 所有权性质

从税收竞争的角度看,地方政府可通过各种税收优惠政策或者放松税收征管吸引流动资本来促进当地的经济发展,扩大税源,从而获得更多的税收剩余。国有企业由于产权,与政府有着天然的政治联系,相较于非国有企业可能会获得更多的税收优惠。但是另一方面,由于地方政府面临着较大的财政支出压力,上级政府可将财政压力转移给下级政府,而下级政府则通过向辖区内企业加强税收征管,甚至直接向辖区内企业"摊派"税费来获取税收收入。据此提出假设 H1。

假设 H1:国有企业税收负担低于非国有企业的税收负担。

2. 行业结构

从行业角度看,上海目前形成了金融业、批发零售业、租赁和服务业等以第三产业为主的产业格局。对于以制造业为主的第二产业:一是能够享受较多的产业税收优惠政策,二是营业收入和利润增长缓慢,三是"营改增"后第二产业的总体税负明显下降(张瑶、朱为群,2016)。故提出假设 H2。

假设 H2:第二产业税收负担低于第三产业的税收负担。

3. 企业规模

关于企业规模与企业税费负担之间的相关性,政治成本假说认为大企业更容易受到税务部门的监管,其政治成本较高,因而企业税负更重;而政治权力假说认为规模越大的企业,其纳税筹划能力越强,而且有更大的实力进行政治游说,从而企业整体的税负较轻。本书认为企业规模越大,其在市场竞争中越处于领先地位,越容易产生规模经济效应,降低平均成本,导致企业税费负担较重。由于我国主板上市企业的规模在大多数情况下均大于中小板与创业板,故提出假设 H3。

H3:主板上市企业的税负高于中小板、创业板企业税负。

(二) 变量设置

1. 被解释变量

(1) 流转税税负。流转税税负能反映一个国家财政和经济政策中流转税税制对经济发展的影响,本书中的该指标以国泰安数据库中对流转税税负的衡量标准为依据设置,即"流转税税负 = $\frac{营业税金及附加}{营业总收入} \times 100\%$",用 $floetax$ 表示。

(2) 综合税负 A。该指标是指企业缴纳的营业税金及附加和所得税费用占营业收入的比重,同时也是常用的衡量企业税负的指标,用 $taxA$ 表示。公式如下:

$$综合税负\ A = \frac{营业税金及附加 + 所得税费用}{营业总收入} \times 100\%$$

(3) 综合税负 B。综合税负 B 是世界银行衡量各地区税负的标准,与综合税负 A 不同的是,该指标用利润总额替代营业总收入作为分母测算企业承担的税负,即"综合税负 $B = \dfrac{\text{营业税金及附加}+\text{所得税费用}}{\text{利润总额}} \times 100\%$",用 $taxB$ 表示;为了验证死亡税率是否真的存在,该指标是我们重点关注的税负指标。

(4) 所得税税负。据学者李万甫介绍,世界上征收企业所得税的 126 个国家的标准税率平均为 23.7%。我国现行的法定企业所得税税率为 25%,优惠税率为 15%,综合看并不算高;但若以所得税税负配比利润总额测算,结果可能有所不同。因此,本文取国泰安数据库中"所得税费用/利润总额"衡量所得税税负,用 $incometax$ 表示。

(5) 总税负。为了保证研究结果的客观性,进一步考察上市公司税负水平,我们参考刘骏和刘峰(2014)提出衡量总税负的标准"总税负 $= \dfrac{\text{支付的各项税费}-\text{收到的税费返还}}{\text{营业总收入}} \times 100\%$",对企业实际税负水平进行检验,指标用 $alltax$ 表示。

2. 解释变量(含虚拟变量)

在本文中,我们设置了三个解释变量,包括企业属性($statow$)、产业结构($industry$)以及公司规模($size$)。当企业为国有时,$statow$ 取 1,反之取 0;当企业为第二产业时,$industry$ 取 1,反之取 0;当企业为主板上市企业时,$size$ 取 1,反之取 0。

3. 控制变量

为了更好地体现模型效果,得出客观的检验结果,参考前人已有研究,我们设置了如下控制变量:存货密集度($invint$)、财务杠杆($leverage$)、总资产收益率(roa)、毛利率($grossrate$)。总结以上分析,各变量的描述与说明如表 4-1 所示。

表 4-1 模型变量的描述与说明

变量	指标	描述	变量说明	数据来源
被解释变量	$floetax$	流转税税负	营业税金及附加/营业总收入	CSMAR 数据库
	$taxA$	综合税负 A	(营业税金及附加＋所得税)/营业总收入	
	$taxB$	综合税负 B	(营业税金及附加＋所得税)/利润总额	
	$incometax$	所得税税负	所得税/利润总额	
	$alltax$	企业税费负担	(支付的各项税费－收到的税费返还)/营业收入	
控制变量	$invint$	存货密集度	年末存货/总资产	Choice 数据库
	$leverage$	财务杠杆	期末总负债/期末总资产	
	roa	总资产收益率	净利润/年度总资产平均值	
	$grossrate$	毛利率	毛收入/销售收入	CSMAR 数据库
解释变量（含虚拟变量）	$size$	企业规模	虚拟变量＝1,主板企业；＝0,中小板、创业板企业	
	$statow$	国有企业	虚拟变量＝1,国有企业；＝0,非国有企业	
	$industry$	产业结构	虚拟变量＝1,第二产业；＝0,第三产业	

注：各指标均为采取自然对数或采用同期同一公司的指标计算的相对数，一定程度上使各样本间的数据更具有可比性或平稳性。

三、模型设置与实证结果分析

（一）模型设定

根据上述分析以及模型假设,分别以虚拟变量(企业的所有权性质与行业结构)以及企业规模为解释变量,在控制其他变量的情况下,就被解释变量(流转税税负,综合税负 A、B,所得税税负,以及总税负——基于现金流量表)设定面板数据多元回归模型,从而进行全样本回归。

1. 就流转税税负构建模型

$$\begin{cases} floetax = \alpha_0 + \alpha_1 statow + \alpha_2 invint + \alpha_3 leverage \\ \qquad\qquad + \alpha_4 roa + \alpha_5 grossrate + \varepsilon \\ floetax = \alpha'_0 + \alpha'_1 industry + \alpha'_2 invint \\ \qquad\qquad + \alpha'_3 leverage + \alpha'_4 roa + \alpha'_5 grossrate + \varepsilon' \\ floetax = \alpha''_0 + \alpha''_1 size + \alpha''_2 invint \\ \qquad\qquad + \alpha''_3 leverage + \alpha''_4 roa + \alpha''_5 grossrate + \varepsilon'' \end{cases}$$

(4-6)

2. 就综合税负 A 构建模型

$$\begin{cases} taxA = \beta_0 + \beta_1 statow + \beta_2 invint + \beta_3 leverage \\ \qquad\qquad + \beta_4 roa + \beta_5 grossrate + \varepsilon \\ taxA = \beta'_0 + \beta'_1 industry + \beta'_2 invint \\ \qquad\qquad + \beta'_3 leverage + \beta'_4 roa + \beta'_5 grossrate + \varepsilon' \\ taxA = \beta''_0 + \beta''_1 size + \beta''_2 invint \\ \qquad\qquad + \beta''_3 leverage + \beta''_4 roa + \beta''_5 grossrate + \varepsilon'' \end{cases}$$

(4-7)

3. 就综合税负 B 构建模型

$$\begin{cases} taxB = \gamma_0 + \gamma_1 statow + \gamma_2 invint + \gamma_3 leverage \\ \qquad\qquad + \gamma_4 roa + \gamma_5 grossrate + \varepsilon \\ taxB = \gamma'_0 + \gamma'_1 industry + \gamma'_2 invint + \gamma'_3 leverage \\ \qquad\qquad + \gamma'_4 roa + \gamma'_5 grossrate + \varepsilon' \\ taxB = \gamma''_0 + \gamma''_1 size + \gamma''_2 invint + \gamma''_3 leverage \\ \qquad\qquad + \gamma''_4 roa + \gamma''_5 grossrate + \varepsilon'' \end{cases}$$

(4-8)

4. 就所得税税负构建模型

$$\begin{cases} incometax = \delta_0 + \delta_1 statow + \delta_2 invint + \delta_3 leverage \\ \qquad\qquad + \delta_4 roa + \delta_5 grossrate + \varepsilon \\ incometax = \delta'_0 + \delta'_1 industry + \delta'_2 invint + \delta'_3 leverage \\ \qquad\qquad + \delta'_4 roa + \delta'_5 grossrate + \varepsilon' \\ incometax = \delta''_0 + \delta''_1 size + \delta''_2 invint \\ \qquad\qquad + \delta''_3 leverage + \delta''_4 roa + \delta''_5 grossrate + \varepsilon'' \end{cases}$$

(4-9)

5. 就总税负构建模型——基于现金流量表

$$\begin{cases} alltax = \lambda_0 + \lambda_1 statow + \lambda_2 invint + \lambda_3 leverage \\ \qquad\qquad + \lambda_4 roa + \lambda_5 grossrate + \varepsilon \\ alltax = \lambda'_0 + \lambda'_1 industry + \lambda'_2 invint + \lambda'_3 leverage \\ \qquad\qquad + \lambda'_4 roa + \lambda'_5 grossrate + \varepsilon' \\ alltax = \lambda''_0 + \lambda''_1 size + \lambda''_2 invint + \lambda''_3 leverage \\ \qquad\qquad + \lambda''_4 roa + \lambda''_5 grossrate + \varepsilon'' \end{cases}$$

(4-10)

其中,虚拟变量 $statow$ 表示该企业是否为国有企业:

$$statow = \begin{cases} 1 & 该企业为国有企业 \\ 0 & 该企业为非国有企业 \end{cases}$$

虚拟变量 $industry$ 表示该企业是否为第三产业:

$$industry = \begin{cases} 1 & 该企业为第二产业 \\ 0 & 该企业为第三产业 \end{cases}$$

虚拟变量 $size$ 表示该企业规模(在主板上市或在中小板、创

业板上市):

$$size = \begin{cases} 1 & \text{该企业在 A 股主板市场上市} \\ 0 & \text{该企业在中小板、创业板市场上市} \end{cases}$$

(二) 样本选择及数据来源

本文选取了 2010—2016 年 A 股上海上市公司作为样本,并对样本数据做了以下四个处理。

(1) 由于金融保险类企业的资产结构、会计准则等与其他企业不同,按照研究惯例剔除该类公司数据。

(2) 剔除实际控制人不明的公司。

(3) 剔除异常值。包括上市期间的 PT、ST 公司,该类公司经营异常,其税负也可能存在异常;税费负担大于 1 或者小于 0 的公司,作为异常值剔除(吴联生,2009)。

(4) 企业实际数据会由于各种原因出现极端值,将严重破坏统计与计量分析的稳健性。因此,对所有连续变量左右两端各 1% 的数值进行缩尾(Winsorize)处理。例如,富控互动(股票代码 660634)。该公司的综合税负 B,即(营业税金及附加+所得税费用)/利润总额为 1 643.89%,界龙实业(股票代码 600836)综合税负 B 为 1 738.93%。

本文所使用的数据均来自 CSMAR 数据库与 Choice 数据库,经上述处理后,总样本数为 1 029,各年度的样本数量如表 4-2 所示。

表 4-2 2010—2016 年度样本数

年度	2010 年	2011 年	2012 年	2013 年	2014 年	2015 年	2016 年
样本数	145	143	142	145	145	144	144

由此可见,本文所选取的样本数均有较好的年度分布,2010—2016年年均样本数相差不大,能够较好地运用于该实证分析,模型结果具有可靠性。

(三) 描述性统计

在构建模型进行求解前,首先对各主要变量进行描述性统计检验(见表 4-3)。

表 4-3 主要变量的描述性统计

变量	个案数	平均值	中位数	标准差	最小值	最大值
$floetax$	1 029	0.02	0.01	0.04	-0.23	0.44
$taxA$	1 029	0.05	0.02	0.07	-0.26	0.68
$taxB$	1 029	0.37	0.28	0.94	-10.05	17.39
$incometax$	1 029	0.18	0.18	0.33	-3.17	4.77
$alltax$	1 029	0.07	0.05	0.14	-0.13	2.41
$statow$	1 029	0.54	1.00	0.50	0.00	1.00
$industry$	1 029	0.54	1.00	0.50	0.00	1.00
$size$	1 029	0.54	1.00	0.50	0.00	1.00
$invint$	1 029	0.18	0.11	0.19	0.00	0.94
$leverage$	1 029	0.46	0.46	0.29	0.01	7.00
roa	1 029	0.05	0.04	0.06	-0.39	0.57
$grossrate$	1 029	0.26	0.22	0.19	-1.08	1.15

从描述性统计中我们可以看到,综合税负 B 均值的变化幅度较大,从最小值 -10.05 到最大值 17.39,中位数为 0.28。综合税负 B 是世界银行衡量各地区税负的标准,由于本文研究样本为不同特质的企业,所有权性质、行业结构、企业规模均不相

同,所以该值表现出较大幅度的波动,是我们重点关注的税负指标。

流转税率的最小值为-0.23,其出现负值可能是因为企业存在留抵税款或营业能力不佳。存货资本的最小值为0,可能是因为部分企业实施了零库存以减少仓储费、降低成本。财务杠杆指标的平均值为0.46,最小值为0.01,最大值为7.0,由此可以获知有些企业存在偏大的风险,举债过于保守和激进都会对企业产生一定的影响。

(四) 相关性检验

为了考察控制变量与因变量之间的相关性,采用皮尔逊(Pearson)相关性检验(见表4-4),相关系数均未超过0.8;同时做了斯皮尔曼(Spearman)检验(结果略)。结果类似,表明变量之间没有严重的多重共线性,可进行多元线性回归。

(五) 随机效应回归结果与分析

在对面板数据进行回归时,通常采用固定效应或随机效应。二者之间的区别在于,固定效应回归认为样本的控制因素与解释变量是相关的,而随机效应回归则认为样本的控制因素与解释变量是不相关的。本文实证选取的控制变量在理论上并不能影响解释变量,即可以在一定程度上认为二者不相关,由此可见,应选择随机效应回归对样本进行检测。同时,若进行实证的数据是全的,也就是说采用上海所有企业的数据进行检测时,不存在个体不随时间改变的差异,因而使用固定效应回归更优。但本文的研究样本由于数据的可得性,经过不同条件约束的剔除补足后并不是完全的样本,不同样本的选择会得到不同的结果,而随机效应回归能

表 4-4 相关性检验

指标	floetax	taxA	taxB	incometax	alltax	statow	industry	size	invint	leverage	roa	grossrate
floetax	1.00											
taxA	0.80	1.00										
taxB	0.25	0.18	1.00									
incometax	0.04	0.08	0.67	1.00								
alltax	0.44	0.32	0.06	0.03	1.00							
statow	-0.01	-0.04	-0.01	-0.02	-0.14	1.00						
industry	-0.32	-0.28	-0.07	-0.04	-0.11	-0.18	1.00					
size	0.20	0.14	0.08	0.04	0.06	0.55	-0.20	1.00				
invint	0.58	0.44	0.19	0.08	0.28	-0.09	-0.16	0.16	1.00			
leverage	0.13	0.04	0.07	0.01	-0.03	0.22	-0.13	0.33	0.25	1.00		
roa	-0.01	0.13	-0.01	0.02	0.07	-0.08	0.00	-0.22	-0.07	-0.25	1.00	
grossrate	0.37	0.42	0.05	0.05	0.38	-0.27	-0.12	-0.23	0.11	-0.39	0.36	1.0

够通过已有样本的检测推测整体的规律,同样表明随机效应模型更优。综上所述,本书选择随机效应回归更能通过对样本的检测体现企业税负负担的内在关系。

为此,根据式(4-6)—式(4-10)的设定,借助STATA软件,对样本数据进行随机回归,并提取解释变量结果进行分析,结果如表4-5所示。

表4-5 随机效应——解释变量结果一览表

变量	$floetax$	$taxA$	$taxB$	$incometax$	$alltax$
$statow$	0.007* (1.80)	0.011 (1.41)	0.022 (0.31)	−0.004 (−0.17)	−0.016 (−1.17)
$industry$	−0.019*** (−5.04)	−0.026*** (−4.17)	−0.061 (−0.87)	−0.014 (−0.57)	−0.012 (−1.31)
$size$	0.019*** (5.05)	0.030*** (4.80)	0.134*** (3.21)	0.035** (2.13)	0.033*** (3.11)

注:* 表示在10%的水平上显著,** 表示在5%的水平上显著,*** 表示在1%的水平上显著。

表4-5汇报了所有权性质、产业结构、企业规模对企业税负的影响。

(1) 第1行表明所有权性质对企业税负的影响。具体来看,企业所有权性质对流转税税负和综合税负A、B的影响为正,对总税负与所得税税负的影响为负,国有企业承担的流转税税负和综合税负A、B大于非国有企业,而国有企业承担的总税负、所得税税负则低于非国有企业。其中,国有企业承担的流转税税负比非国有企业高0.7%,而且在10%的水平上显著;而其总税负则低于非国有企业1.6%,但并不显著。因此,在下文中构建最小二乘虚拟变量(least square dummy variable,LSDV)以进一步检查其效果。

(2) 第2行汇报了第二、第三产业企业的不同税负。从本文的实证结果来看,趋势较为一致,均为负数。其中,第二产业承担的流转税税负比第三产业低1.9%且在1%的水平上显著;其综合税负 A 较第三产业低2.6%且同样在1%的水平上显著。这表明,第二产业的上市公司承担的流转税税负和综合税负 A 显著低于第三产业的上市公司。但是对于综合税负 B、所得税税负、总税负而言,则并不显著。

(3) 第3行表明企业规模对企业税负的整体影响为正向作用,即主板上市企业的税负均高于中小板、创业板企业的税负。具体而言,主板上市的公司承担的流转税税负、综合税负 A、综合税负 B、所得税税负、总税负均高于中小板、创业板上市企业,其程度分别为1.9%、3.0%、13.4%、3.5%与3.3%,而且均在1%的水平上显著。这表明规模越大的企业,承担的税负越重。

随机效应模型检验结果大致符合前述假设,即非国有企业、第三产业企业、大规模企业均承担着较重的税负负担。为考察回归模型的稳健性,随后采用最小二乘虚拟变量估计方法对结果进行进一步深入研究,并对结果进行优化处理。

(六) 最小二乘虚拟变量(LSDV)估计方法

由于模型中存在较多虚拟变量,如产业结构、股权性质,为更准确地研究企业所有权性质、行业结构、企业规模对企业税负的影响,检验回归模型结果的准确性与敏感性,使结论更有说服力。对式(4-6)—式(4-10)采用LSDV估计方法以进行稳健性检验,结果如表4-6所示。

表4-6显示,所有权性质对各种税负均为负向影响,表明国有企业承担的税负较非国有企业更低,而且对于总税负的影响在

表 4.6　LSDV 回归——解释变量一览表

变量	floetax	taxA	taxB	alltax	incometax
statow	−0.001 (−0.60)	−0.005 (−1.11)	−0.046 (−0.78)	−0.031*** (−3.97)	−0.011 (−0.46)
industry	−0.020*** (−10.30)	−0.029*** (−8.86)	−0.086 (−1.41)	−0.026*** (−3.52)	−0.020 (−0.92)
size	0.017*** (8.14)	0.027*** (7.27)	0.127*** (2.93)	0.034*** (4.48)	0.034 (1.53)

注：* 表示在10%的水平上显著，** 表示在5%的水平上显著，*** 表示在1%的水平上显著。

1%的水平上显著。行业结构对税负的影响也均为负向作用，而且对于流转税税负、综合税负A、总税负的影响均在1%的水平上显著，表明第二产业较第三产业承担了更低的税负。同随机效应结果相同，企业规模对所有税负均有正向作用，而且对流转税税负，综合税负A、B，总税负均在1%的水平上显著；并且大多数主板企业的规模较中小板、创业板企业规模更大，表明企业规模越大，承担的税负负担越重。

综上所述，最小二乘虚拟变量估计方法所得的结论与随机效应检验结果具有一致性，符合假设，表明本书中的回归模型是稳健的，由此可知我们的研究是有意义的。即，国有企业承担的税负整体低于非国有企业，处于第二产业的上市公司承担的税负低于处于第三产业的上市公司，在主板市场上市的公司承担的税负高于在中小板市场、创业板市场上市的公司。

四、研究结论

企业承担的税负在一定程度上会影响企业的产出，从而影响企业发展与创新的积极性,企业承担的税负太低,会导致该企业的发展进入"贪图享乐"的阶段,没有实现技术创新的动力;而若其承担的税负过重,则会令其无法生存,入不敷出的结果就是该企业退出市场,这很难说是否会使得我国整体的经济发展逐渐下滑。因此,企业税负的合理设定,对企业本身乃至国家的发展都至关重要。据此,根据2010—2016年147家上市公司的样本,采用随机效应回归与最小二乘虚拟变量估计方法得到较为一致的结论:国有企业的税负低于非国有企业;第二产业的企业承担的税负低于第三产业的企业;企业规模越大,承担的税收负担越高。以总税负为例,在随机效应回归结果中,国有企业承担的总税负比非国有企业低1.6%;第二产业比第三产业少承担了1.2%的总税负;而规模大的企业承担的总税负比规模小的高3.3%。LSDV回归结果比随机效应回归结果更为明显:国有企业承担的总税负比非国有企业低3.1%;第二产业比第三产业少承担了2.6%的总税负;而规模大的企业承担的总税负比规模小的高3.4%。二者均证明了上文的假设。

究其原因,国有企业与政府有相对紧密的关联,相较于非国有企业更能享受到政府的税收优惠,因而其承担的总税负较低。2020年以来,国家的税收优惠政策主要是产业优惠,尤其第二产业的税收优惠政策居多,因而第二产业整体的税负低于第三产业。与所有权性质、产业结构相比,企业规模的变动对于企业税负的影响较大。大多数情况下,企业规模大则经营管理模式更为健全,纳税筹划能力较强,其税负在一定程度上应较小。就上海而言,造成以上结果一个可能的原因是随着金税三期的实施,税务管理更为严密,使得企业缴税比例提升;可能的第二个原因是消费税的征税范围主要是第三产业的企业,整体上处于第三产业的企业缴纳的营业税金及附加因此高于第二产业的企业;第三个可能原因是第三产业的盈利能力整体好于第二产业,缴纳的税收收入因此高于第二产业。

第五章
上海企业的非税负担

根据第二章的界定,除了应缴税款之外,企业承担的税费负担中的另一个重要组成部分为各类政府性收费和经营性收费。在通过数理方法和实证检验方法测算了上海上市公司承担的税收负担之后,本章将重点分析政府性收费项目和经营性收费项目中由企业缴纳的各项费用,即企业承担的非税负担。第二章讨论分析了我国企业上缴的政府性收费项目,主要涉及一般公共预算中的非税收入、政府性基金收入、社保基金收入和经营性收费。本章将基于数据的可得性,总结上海非税收入改革的成绩,梳理问题,量化企业的非税负担,力图完整分析上海的企业承担非税负担的情况,为后续深化减税降费改革提供依据。

第一节 非税收入与企业非税负担

根据第二章的概念界定可知,我国非税收入主要指政府收入的一般公共预算中除税收以外,由各级国家机关、事业单位、代行政府职能的社会团体及其他组织依法利用国家权力、政府信誉、国有资源(资产)所有者权益等取得的各项收入,以及政府取得的其他财政性资金。据此,我国的非税收入具体包括行政事业性收费收入、政府性基金收入、罚没收入、国有资源(资产)有偿使用收入、国有资本收益、彩票公益金收入、特许经营收入、中央银行收入、以政府名义接受的捐赠收入、主管部门集中收入、政府收入的利息收入、其他非税收入,共计12类。这里的非税收入不包括社会保险费收入(以下简称"社保费"),社保费是企业承担的非税负担中最为重要的一部分,将在第三节展开详细分析。

在相当长的一段时间内,我国非税收入以"自有资金"形式分散在各执收部门和单位,不仅削弱了财政管理职能,更为重要的是收费项目多且杂,直接增加了企业负担,因而饱受诟病。1998年以来,中央重点推进预算管理体制改革,不断加强非税收入的规范化管理。2017年,财政部发布财税〔2017〕69号文①提出,要进一步加强和规范政府性基金和行政事业性收费管理,提高收费基金政策透明度,主动接受社会监督,并在财政部门户网站公布了全国性政府性基金和行政事业性收费目录清单"一张网",集中公示了中央和各省(区、市)政府性基金和行政事业性收费目录清单。

从全国范围来看,上海在清费降费方面成绩斐然,已经连续四年成为全国非税收入占地方一般公共预算收入比重最低的省(区、市),从财政管理方面体现了上海在优化营商环境方面取得的成绩。如图5-1所示为2018年全国各省(区、市)一般公共预算收入总量以及非税收入占一般公共预算收入比重的情况。

图5-1中的柱状图代表我国各省(区、市)非税收入总量,趋势

---

① 《财政部关于加强全国政府性基金和行政事业性收费目录清单"一张网"管理有关事项的通知》(财税〔2017〕69号)。

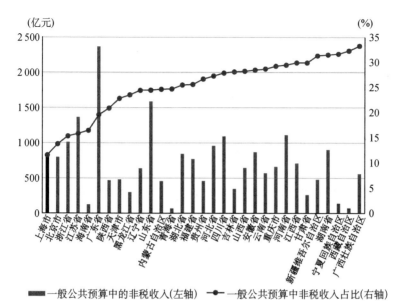

图 5-1　2018 年全国各省(区、市)纳入一般公共预算收入的
非税收入(香港、澳门、台湾地区资料暂缺)

线则代表非税收入占一般公共预算收入的比重(香港、澳门、台湾地区资料暂缺)。数据显示,上海非税收入占一般公共预算收入的比重为 11.58%,远低于全国各省(区、市)平均水平 24.1%,为全国占比最低的省(区、市);但是按照非税收入总规模来看,上海则居全国第 10 位。由此可以看出,上海在非税收入管理方面仍有进一步优化的空间。

2020 年 4 月,上海出台了《2020 年上海市深化"放管服"改革工作要点》(以下简称《"放管服"工作要点》),强调了要瞄准最高标准、最高水平,优化营商环境,深入推进简政放权。文件再次明确指出要进一步降低企业负担,继续落实国家和地方各项减税降费政策,做好政策宣传和辅导工作,确保纳税人、缴费人应享尽享。全面落实全行业增值税增量留抵退税制度,以及部分先进制造业增值税留抵退税政策。规范行业协会商会收费,引导行业协会商会合理制定经营服务性收费标准。全面清理取消行业协会商会违法违规收费,限期退还违法违规所得。这为上海今后减税降费提出了目标。据此,首先分析近年来上海一般公共预算收入中非税收入的情况,以及上海在清费降费中取得的成绩及存在的问题,为实现《"放管服"工作要点》的目标提供现实依据。

一、上海非税收入占比全国最低,但是下降缓慢

一般公共预算收入中的非税收入主要由企业和个人缴纳。因为政府公开的相关财政信息中没有将二者区分开来,所以无法获取企业缴纳的准确数据。但是,个人缴纳的比例小且相对固定,约为总量的10%,按照一般公共预算收入的规模,这一比例不影响结果。因此,本书将非税收入总额以及变动额作为企业缴纳的非税收入,以此考量企业承担的规费负担。如表5-1所示为2010—2019年上海一般公共预算收入中非税收入历年变化情况。

表5-1 2010—2019年上海纳入一般公共预算收入中的非税收入变动情况

年份	非税收入（亿元）	一般公共预算收入（亿元）	非税收入/一般公共预算收入（%）	税收收入/一般公共预算收入（%）	非税收入/GDP（%）
2010年	165.78	2 873.58	5.77	94.23	0.97
2011年	257.11	3 429.83	7.50	92.50	1.34
2012年	316.92	3 743.71	8.47	91.53	1.57
2013年	312.35	4 109.51	7.60	92.40	1.43
2014年	366.5	4 585.55	7.99	92.01	1.56
2015年	661.34	5 519.5	11.98	88.02	2.63

(续表)

年份	非税收入（亿元）	一般公共预算收入（亿元）	非税收入/一般公共预算收入（%）	税收收入/一般公共预算收入（%）	非税收入/GDP（%）
2016年	780.23	6 406.1	12.18	87.82	2.77
2017年	776.8	6 642.3	11.69	88.31	2.54
2018年	823.1	7 108.1	11.58	88.42	2.52
2019年	948.8	7 165.1	13.24	86.76	2.49

资料来源：上海市财政局官网公布的2010—2019年上海一般公共预算收入执行情况表。

表5-1显示，上海一般公共预算收入中的非税收入规模总体呈小幅递增态势。具体分析如下：①从总量来看，2010—2019年，除了2013年、2017年的非税收入总额较上年非税收入规模略有下降外，其他年份的非税收入总量都在增加。②2010—2019年，上海非税收入占一般公共预算收入的比重总体处于攀升趋势（仅2013年、2017年、2018年与前一年相比有所下降）。尤其值得注意的是，2019年非税收入占一般公共预算收入比重为13.24%，是10年来规模最大的年份。③2010—2019年，上海的税收收入占一般公共预算收入的比重总体呈小幅下降趋势，尤其2019年最为明显，是10年来税收收入占比最低的一年。结合第四章的数据分析可知，在宏观经济下行压力加大的前提下，上市公司整体盈利情况并不乐观，因而税收收入下降，形成当下的局面。由此引起思考的是，对于上海的企业而言，税费负担整体没有下降的趋势。

以上信息说明，非税收入的规模和占比均呈递增态势；税收收入总体处于下降趋势，但是在2015—2018年并不明显，可能的原因在于来自供给侧结构性改革的政策时滞，导致减税政策效果没有及时体现。这说明这期间企业承担的税收负担没有实质性下降,而且缴纳的规费呈增加态势,这无疑增加了企业整体的税费负担。为进一步研究上海企业的非税负担,我们考察了上海纳入一般公共预算中的非税收入、税收收入以及GDP增减变动幅度(见图5-2)。

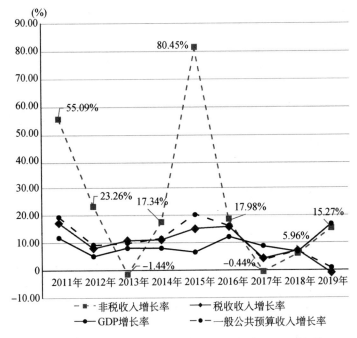

图5-2 2011—2019年上海一般公共预算收入、GDP增长情况

如图5-2所示,相较于税收收入与GDP增速,非税收入的增速波动最大。此外,除2013年、2017年非税收入呈现负增长之外①(其中2017年非税收入增长率下降是减费清费的结果),其他

---

① 2012年,上海本级按国家规定将预算外非税收入历年结余纳入预算管理,叠加2013年上海本级保险业营业税政策性退税因素,导致2013年非税收入呈现负增长。

年份非税收入增长率均高于税收收入、GDP 增长率,而且在 2015 年达到 80.45％的历史最高水平[1],这表明上海政府对非税收入的依赖性在加大,同时意味着企业缴费总量在上升。进一步地,自 2012 年开始,上海的 GDP 增长处于较为稳定的态势,而非税收入增幅、税收收入增幅、一般公共预算收入增长率等都存在较大波动,尤其明显的是,2016—2019 年,上海的税收收入增幅、一般公共预算收入增长率持续下降。这与第四章讨论的国有企业、非国有企业,第二、第三产业的税负变动趋势是基本一致的,这说明上市公司可以代表上海企业承担的税费负担程度。

二、行政事业性收费总额稳步下降,信息透明度有待进一步提高

2008 年以来,上海根据国家统一部署,积极落实国家各项减税降费措施,取得了良好的改革成效。上海在积极推进企业减税降费的过程中,逐步取消部分行政事业性收费项目,规范了行政事业性收费。2015 年,上海涉企行政事业性收费项目包含 62 项,2017 年则减少至 31 项[2],2018 年、2019 年均为 33 项(详见附录 3)。需要说明的是,2017 年上海涉企的行政性收费目录中,15 项来自全国涉企行政事业性收费目录清单,其余 19 项为上海收取的涉企行政事业性费用。从企业的角度来讲,都属于上缴的政府性费用,形成了企业的税费负担(详见表 5-2)。

---

[1] 2015 年,文化事业建设费、残疾人就业保障金、地方教育费附加纳入一般公共预算,导致 2015 年非税收入增长率非常高,除去这三项的增长率为 39.79％,仍比较高。
[2] 数据来源:整理自上海市财政局官网。

表 5-2 2010—2019 年上海行政事业性收费情况

年份	行政事业性收费 (亿元)	一般公共预算收入 (亿元)	行政事业性收费/ 一般公共预算收入(%)
2010 年	97.04	2 873.58	3.38
2011 年	107.7	3 429.83	3.14
2012 年	139.74	3 743.71	3.73
2013 年	109.41	4 109.51	2.66
2014 年	114.23	4 585.55	2.49
2015 年	127.41	5 519.5	2.31
2016 年	128.4	6 406.1	2.00
2017 年	100.8	6 642.3	1.52
2018 年	71.57	7 108.1	1.01
2019 年	71.4	7 165.1	1.00

资料来源:整理自财政局官网公布的 2010—2019 年上海一般公共预算收入执行情况表。

如表 5-2 所示为 2010—2019 年上海行政事业性收费情况,主要体现以下四点:①上海行政事业性收费收入总额在 2012 年达到峰值 139.74 亿元,随后 2013 年大幅降低至 109.41 亿元,降幅近 21.7%。究其原因,上海于 2012 年 12 月颁布了《上海市财政局、上海市物价局关于 2012 年本市行政事业性收费清理工作有关事项的通知》,于 2013 年开始对行政事业性收费进行清理,取消(停征)了"饲料添加剂检验收费"等 20 项行政事业性收费项目,降低了"监理工程师执业资格考试费"等 26 项行政事业性收费项目的征收标准,同时废止了与清理事项相关的收费管理文件。②2013—2016 年,上海行政事业性收费总额仍然呈现逐年上升的态势,从 2013 年的 109.41 亿元上升至 2016 年的 128.4 亿元,总增幅约为 17.36%。③与 2016 年相比,2017 年上海行政事业性收费下降 21.50%,从 128.4 亿元降至 100.80 亿元。原因是 2017 年上海根据国家关于建立全国收费目录清单"一张网"并实施动态化管理的部署要求,结合上海的实际情况,在 2016 年 64 项行政事业性收费项目的基础上,取消了 33 项,从而使得行政事业性收费总额和比例双降。④较之 2017 年,2018 年行政事业性收费进一步下降,降幅达 29%;2018 年、2019 年两年上海行政事业性收费分别是 71.57 亿元和 71.4 亿元,基本没有变化。这说明行政事业性收费项目的清理工作已基本到达平台期,仍然保留的难以再清费降费,重点应该放在经营性收费项目的清理。

综上可知,上海在大力清费降费方面取得了突出成绩,但是对比全国涉企行政事业性收费清单之后发现,上海的涉企行政事业性收费清单独有的项目包括以下项目:①交通类,包括道路运输管理证照工本费(限丢失、损坏补办)、机动车道路停车费收费、岸线使用费、公路路产损坏赔(补)偿费、市政设施损坏赔偿费;②水务类,包括滩涂有偿使用费、深井水水费、超计划加价水费;③规划国土类,包括探矿权、采矿权使用费及价款收入、外商投资企业场地使用费;④绿化市容类,包括户外广告公共绿地使用费、临时使用绿地补偿费、绿化补建费、绿地易地补偿费、绿化补偿费;⑤民防类,包括民防工程建设费;⑥卫生计生类,包括用血互助金和献血补偿金;⑦公安类,包括犬类管理费等。详见附录表 3-1。

根据截至 2019 年的上海涉企行政事业性收费情况,上海在公开行政事业性收费方面主要存在以下三个问题。

(1)行政事业性收费总额未区分企业和个人缴费金额。这一做法难以明确得出企业上交的行政性收费总额,也难以向社会展示上海推进清费降费的成效,不利于改善上海的营商环境。据此,上海在积极推进清理行政事业性收费的过程中已经取得了一定成效,但仍有一定的清费降费的空间,以进一步规范本市行政事业性收费管理,提高收费政策透明度,降低企业负担。

(2) 各类行政事业性收费的信息没有具体到"项",因而无法获取具体信息。《中华人民共和国预算法实施条例》(中华人民共和国国务院令第729号)规定,支出要公开到"项"级,但对于各类财政收入公开列示没有具体规定。举例如下:收费清单目录中明列了收费的具体部门,却未能从其预决算表中获得各项收费的具体数额。以上海规划和国土资源管理局为例,《上海市2017年度涉企行政事业性收费目录清单》中,规划国土部门的收费项目共有7项,分别如下:不动产登记费、耕地开垦费、土地复垦费、土地闲置费、探矿权与采矿权使用费及价款收入、外商投资企业场地使用费。但是,各明细项目具体收费数额无从获得。

(3) 以上海2019年一般公共预算收入决算情况表中的"其他收入"为例,只列示了预算数83.6亿元,决算数150.6亿元,没有详细列示具体包括的项目,只是在注释中作了简要说明,包括主管部门集中收入、国内捐赠收入、罚没收入。

综上所述,三个问题都导致难以获取准确的相关数据,因此,建议上海在财政收入信息披露方面尝试明确具体类别,在预算管理方面进行制度创新。

三、残疾人就业保障金缴纳程序烦琐,征收标准有待进一步优化

残疾人就业保障金(以下简称"残保金"),是为保障残疾人权

益,由未按规定安排残疾人就业的机关、团体、企业、事业单位和民办非企业单位缴纳的资金。残保金具有政府性基金的性质,是为促进各用人单位履行残疾人就业的责任,向未能充分履行残疾人就业责任的用人单位征收的具有专项用途的资金。由于企业之间差距较大,部分单位确实无法安排残疾人就业。

上海规定残疾职工比例达到1.6%的单位无须缴纳残保金,不满1.6%的单位以上年度城镇职工基本社会保险费缴费基数为准,以应缴比例(1.6%)与单位安置残疾职工比例之差作为实际征收比例,计算单位实际应缴纳的金额。自2017年起,上海针对小微企业放宽了免征条件,由原来的在职职工年平均人数不足20人调整为不足30人。2019年,进一步规定自2020年1月1日起:一是用人单位按不低于1.5%比例雇用残疾人,可免缴残疾人就业保障金,雇用1级或2级残疾人可按2倍残疾人数计算,雇用的残疾人户籍不限省籍;二是在职职工总数在30人以下(含30人)的小微企业,三年内暂免征残保金。这些不断优化的政策规定表明企业承担的规费在不断优化和降低。

(1)残疾人就业比例超过国家和上海规定比例的用人单位,经市和区两级残疾人就业服务机构核定后,可免缴保障金,并按规定给予奖励,但是申请程序烦琐。

(2)现行残保金征收方式没有考虑企业的盈利情况,即无论企业效益好坏,若安排残疾人达不到规定比例,就按同一标准缴纳残保金,而这一规定对于企业而言有失公平。原因之一是,企业经营面临复杂的宏观环境,难以保证稳定的盈利能力。进一步地,企业自身发展也存在收缩或扩张阶段,其招聘员工的人数因此不同。如果只是规定残疾人就业比例这一条件计征残保金,而不考虑企业经营情况,这会增加缴费金额,提高企业成本。原因之二是,现行残保金征收方式对劳动密集型企业极为不利。在安排残疾人达不到规定比例的前提下,企业用人越多,缴纳的残保金越多;而技术资本密集型企业用人越少,缴纳的残保金越少。这一规定不利于劳动密集型企业的持续健康发展。

第二节 政府性基金与企业非税负担

2014年9月26日颁布的《国务院关于深化预算管理制度改革的决定》指出,需要深化预算管理制度改革。基于此,财政部于2014年12月就完善政府预算体系作出具体要求,其中的重点之一即为加大政府性基金预算与一般公共预算的统筹力度,要求逐渐将政府性基金预算中用于提供基本公共服务以及主要用于人员和机构运转等方面的项目收支转列为一般公共预算。2015年以来,上海一直积极响应国家号召,加大政府性基金转列一般公共预算的推进力度,并取得了较大成效。然而,由于政府性基金基数过大,项目各异,随着我国宏观经济环境的变动,政府性基金收入变动呈现明显的地域特色,具体表现为以下两点。

一、政府性基金逐年规范,取得了突出成效

上海市政府根据《全国政府性基金目录清单》收取政府性基金,并根据国家政策调整情况及时更新相关信息。根据上海市财政局网站信息,笔者详细梳理了2016—2019年上海市政府性基金收入情况(见表5-3)。总体而言,2016—2019年,上海市政府性基金收入在波动中缓慢增加。

表 5-3 2016—2019 年上海市政府性基金收入情况变动表

单位:亿元

项目	2016年	2017年	2018年	2019年	2019年与2018年的变动率
新增建设用地土地有偿使用费收入	6.2	已转列	已转列	已转列	
城市公用事业附加收入	31.7	9.9	取消	取消	
国有土地使用权出让收入	2 085.6	1 782.6	1 927.70	2 248.50	16.64%
国有土地收益基金收入	52.9	45.3	46.6	51.6	10.73%
农业土地开发资金收入	1.7	1.1	1.3	1.3	0.00%
彩票公益金收入	11.4	12.2	13.8	14.1	2.17%
城市基础设施配套费收入	55.3	48.1	43	37.3	-13.26%
车辆通行费收入	15.7	17.5	18.7	20.2	8.02%
港口建设费收入	2.6	2.9	2.9	2.7	-6.90%
彩票发行销售机构业务费收入	2.6	3	2.8	3.1	10.71%
污水处理费收入	28	38.6	39.5	39.3	-0.51%
其他政府性基金收入	1.3	-0.6	-0.9	0	-100.00%
合计	2 295	1 960.6	2 095.40	2 418.10	15.40%

资料来源:整理自上海市财政局官网 2016—2019 年政府性基金收入决算表。

注:① 根据财政部规定,上海从 2016 年 3 月 1 日起将污水处理费收支纳入政府性基金预算管理;

② 其他政府性基金包括国家电影事业发展专项资金、新型墙体材料专项基金等。

根据关于上海市政府性基金收支决算情况的说明可知,上海的政府性基金收入变动每年存在差异,主要包括以下三个方面。

(1) 2016—2017 年变动情况。2017 年,上海市政府性基金收入为 1 960.6 亿元,较 2016 年同比下降 14.57%。一方面,将"新增建设用地土地有偿使用费收入"转列至一般公共预算之中;另一方面,超半数以上政府性基金实现了负增长。以上表明,上海在全面清理规范政府性基金、为企业清费降费过程中取得了显著成效。但是,一般公共预算与政府性基金统筹规范导致政府性基金总额的下降,在一定程度上并不能直接说明非税总额的下降。进一步地,2017年的污水处理费较2016年同比增长了37.86%,车辆通行费、港口建设费同比增长了约11%。其原因是,2016年2月,上海市政府为响应国家2015年关于制定和调整污水处理费收费标准的要求①,颁布了《上海市污水处理费征收使用管理实施办法》(以下简称《实施办法》)。《实施办法》指出:非居民污水处理费按照2.34元/立方米征收(行政事业单位为2.24元/立方米);对经测定所排放的污(废)水指标超过重点污染用户的,每立方米加收0.80元。因此,上海在全面清理规范政府性基金、进一步为企业减税降费的过程中,还有较大提升的空间。

(2) 2017—2018年变动情况。上海为了进一步减轻企业负担,自2018年起取消了"城市公用事业附加收入""新型墙体材料专项基金"两项政府性基金②。与此同时,彩票公益金、车辆通行费、港口建设费、污水处理费等均处于小幅增加的状态,国有土地使用权出让收入、国有土地收益金等也在逐步增加。尤其是车辆通行费收入、污水处理费两项始终引起社会各界关注,原因有二:一是对于使用者而言,负担明显;二是公众希望了解具体收费情况和使用情况。

(3) 2018—2019年变动情况。国有土地使用权出让收入、国

---

① 《国家发展改革委 财政部 住房城乡建设部关于制定和调整污水处理收费标准等有关问题的通知》(发改价格〔2015〕119号)要求2016年年底前,设市城市污水处理收费标准非居民每吨调整至不低于1.4元。
② 《关于上海市2016年市本级决算及2017年上半年预算执行情况的报告》,公布于上海市财政局网站。

有土地收益基金、车辆通行费、彩票发行销售机构业务费收入等继续增加,从这一角度来看,降低政府性基金收入的难度较大。与此同时,城市基础设施配套费、港口建设费两项政府性基金收入降幅明显,表明了上海减费的改革力度。其他政府性基金收入彻底清零,提高了政府性基金收入信息的透明度。

突出情况说明如下:①2017年,上海按照统筹"四本账"的原则,加大政府性基金转列一般公共预算的推进力度,将"新增建设用地土地有偿使用费"调整转列一般公共预算并统筹使用,对相关支出予以统筹保障。因此2017年之后,该项目取消。②以2019年数据为例,有四个项目负增长,其中"其他政府性基金收入"取消。以上表明,上海在全面清理规范政府性基金、为企业清费降费的过程中取得了一定成效。③"国有土地使用权出让收入"和"国有土地收益基金收入"均以两位数增加,这是2019年上海市政府性基金收入增幅达15.4%的主要原因。④污水处理费增加明显。

二、 政府性基金的总规模大,仍有进一步缩减空间

为进一步考察在全面清理规范政府性基金过程中存在的问题,以下将具体针对企业缴纳部分展开研究。国有土地使用权出让金收入是指政府以出让等方式配置国有土地使用权取得的全部土地价款,农业土地开发资金、国有土地收益基金是按照一定比例从国有土地使用权出让收入中提取的专项政府性基金。国有土地使用权出让金收入、国有土地收益基金收入、农业土地开发资金在政府性基金中占比较大,对于支付土地出让金的企业而言,将该笔支出计入企业成本,此后通过提高销售产品和服务的价格转嫁给

其他企业和个人,实质上是增加了企业负担。

如表 5-4 所示,政府性基金中,较大部分来自国有土地使用权出让金收入,除新增建设用地土地有偿使用费收入、国有土地使用权出让金收入、国有土地收益基金收入、农业土地开发资金收入的政府性基金收入仅占政府性基金收入总额的 10% 左右,但是规模依旧不小,仍有降低空间。其他政府性基金 2011—2014 年的总额均在 200 亿元以上,其中,2012 年的 213.4 亿元是因为车辆通行费收入下降,整体稍有下降,随后 2013 年上升到 264.7 亿元,2014 年上升到 269.5 亿元。2015 年,文化事业建设费、残疾人就业保障金、地方教育费附加调入一般公共预算收入,因而政府性基金有了较大幅度的减少。2016 年又增加了 12.8%,达到 156.5 亿元,增幅相对较大,这主要是因为污水处理费收入的增加;2017 年,国有土地使用权出让收入、国有土地收益基金收入等均呈上升趋势;与此同时,其他政府性基金收入也未显著下降,因而 2019 年,政府性基金总额仍增加至 2 418.1 亿元。这说明政府性基金仍有较大的下降空间,能够进一步为企业减负。

表 5-4　上海市 2010—2019 年政府性基金收入情况

单位:亿元

年份	政府性基金收入(1)	新增建设用地土地有偿使用费收入(2)	国有土地使用权出让金收入(3)	国有土地收益基金收入(4)	农业土地开发资金收入(5)	其他政府性基金收入[(6)=(1)−(2)−(3)−(4)−(5)]	其他政府性基金收入/政府性基金收入[(7)=(6)÷(1)]
2010 年	2 255.6	44.1	1 943.2	88.5	3.2	176.6	7.83%
2011 年	1 808.2	17.1	1 491.1	60	3.4	236.6	13.08%
2012 年	1 290.6	18.8	1 028.1	26.8	3.5	213.4	16.53%

(续表)

年份	政府性基金收入(1)	新增建设用地土地有偿使用费收入(2)	国有土地使用权出让金收入(3)	国有土地收益基金收入(4)	农业土地开发资金收入(5)	其他政府性基金收入[(6)=(1)−(2)−(3)−(4)−(5)]	其他政府性基金收入/政府性基金收入[(7)=(6)÷(1)]
2013年	2 340.4	9.3	2 003.9	60	2.5	264.7	11.31%
2014年	2 532.7	10	2 197.1	54.6	1.5	269.5	10.64%
2015年	2 312.2	12.3	2 105.8	67.7	1.2	125.2	5.41%
2016年	2 295	6.2	2 085.6	52.9	1.7	148.6	6.47%
2017年	1 960.6	0	1 782.6	45.3	1.1	131.6	3.31%
2018年	2 095.4	0	1 927.7	46.2	1.3	119.8	5.72%
2019年	2 418.1	0	2 248.5	51.6	1.3	116.7	4.83%

资料来源：整理自2010—2019年上海市政府性基金收入决算表。

注：政府性基金收入为收入合计，不含中央财政对本市政府性基金补助收入、动用上年结转收入、地方政府专项债务收入、调入资金等。2019年数据来源为上海市财政局网站。

第三节　社会保险费与企业非税负担

社会保险费（以下简称"社保费"）中包含养老保险、失业保险、医疗保险、工伤保险和生育保险，由企业和个人按照一定的比例共同缴纳，其中企业缴纳占主要部分。为进一步减轻企业负担，响应国家号召，上海市人民政府在确保参保人员社会保险待遇水平不受影响的前提下，制度性下调本市城镇职工医疗保险缴费比例、阶段性下调失业保险缴费比例，相应提高了社保缴费基数。

一、社保费的最低缴费基数、比例居全国之首

上海是老工业城市,离退休人员基数大;与此同时,上海国有企业占全市企业比例约为25%,加上上海严格实施了国家的社会保险相关政策,上海的社保费率一直位居全国前列。为观察上海的企业社保缴费水平,课题组将2018年一线城市以及根据《2018中国城市商业魅力排行榜》划分的新一线城市社会保险企业缴费比例进行对比(详见表5-5),主要从社保缴费比例以及缴费基数两方面展开分析。工伤保险多采用浮动比例,因而未统计在内。

(一) 企业承担的社保费缴费率居全国第一,达到31%

上海每年调整社会保险缴费相关规定的时间为当年5月,因而如表5-5所示为2018年5月—2019年4月的一线城市和新一线城市的社保缴费情况,其中上海的企业缴纳的比例位居全国第一。

如表5-5所示,相较于发展水平相同的北京、广州、深圳,上海企业承担的养老保险缴费率和总费率均为最高。广州、深圳的企业承担的社保缴费在全国排名分别为第17、18位。因此,无论是与其他省(区、市)的企业社保费负担率相比较,还是仅就上海的企业负担本身而言,都是偏高的。这不利于上海企业自身发展,更不利于其在市场中竞争。深圳、东莞缴费比例低,具有其特殊性。深圳一直实行"低缴费、高待遇"的模式。一方面,其人口结构年轻化,外来务工人员多(2017年,深圳外来人口比例达到67.7%[1]),

---

[1] 一线城市外来人口解析:上海数量最多 深圳占比最高[N/OL].第一财经,2017-11-28. http://www.yicai.com/news/5377967.html.

表 5-5 2018—2019 年一线城市及新一线城市社会保险企业缴费基数和比例对比

类别	地区	养老保险最低缴费基数(元)	养老保险最高缴费基数(元)	基本养老保险企业缴纳比例(%)	基本医疗保险企业缴纳比例(%)	失业保险企业缴纳比例(%)	生育保险企业缴纳比例(%)	企业缴纳比例合计(%)	根据企业缴纳比例排序
一线城市	上海	4 279	21 396	20.00	9.50	0.50	1.00	31.00	1
	北京	3 387	25 401	19.00	10.00	0.80	0.60	30.40	2
	广州	3 469	20 004	14.00	7.00	0.64	0.85	22.49	17
	深圳	2 200	25 043	14.00	6.20	1.50	0.45	22.15	18
新一线城市	南京	3 030	19 935	19.00	9.00	0.50	0.80	29.30	3
	苏州	3 030	21 963	19.00	9.00	0.50	0.80	29.30	4
	沈阳	3 709.05	18 545.25	20.00	8.60	0.50	0.00	29.10	5
	青岛	3 185	15 927	18.00	8.80	0.70	1.50	29.00	6
	郑州	3 524.3	17 621.5	19.00	8.00	0.70	1.00	28.70	7
	武汉	3 093.3	17 990.7	19.00	8.00	0.70	0.70	28.40	8
	长沙	2 695	13 473	19.00	8.00	0.50	0.70	28.40	9
	无锡	3 030	19 935	19.00	7.90	0.50	0.80	28.20	10
	天津	3 364	16 821	17.00	10.00	0.50	0.50	28.00	11
	重庆	3 664	18 318	19.00	8.00	0.50	0.50	28.00	12
	西安	3 371	19 446	20.00	7.00	0.70	0.25	27.95	13
	成都	2 388	17 908	19.00	7.50	0.60	0.80	27.90	14
	杭州	3 054.95	15 274.74	14.00	10.50	0.50	1.20	26.20	15
	宁波	3 279	16 394	14.00	9.00	0.50	0.70	24.20	16
	东莞	3 100	20 004	13.00	1.60	0.50	0.70	15.80	19

资料来源:整理自各地社保局网站公布数据(按照缴费比例合计降序排列)。

而且以中青年为主,与北京、上海、广州相比,老龄化速度相对较慢。就社保具体项目来看,养老保险方面,上海与同处于长江三角洲的南京、杭州、苏州、宁波相比,缴费比例也是比较高的,杭州、宁波的养老保险缴费比例仅仅为14%,比上海的养老保险缴费比例低了6个百分点。医疗保险方面,上海企业的基本医疗保险缴费比例为9.5%,仅次于天津、杭州,位列第三。医疗的私人属性比较强,应该由私人承担的比较多,企业承担过高的比例有违公平性。因此,上海的社保缴费比例还有较大的下降空间。过高的缴费比例增加了企业的用工成本,压缩了企业的利润空间,并且地域间缴费比例的较大差异不利于企业竞争。

2019年,我国实施了大规模的减税降费政策,其中最为突出的是将社会保险费率下调。2019年4月,下发了《国务院办公厅关于印发降低社会保险费率综合方案的通知》(国办发〔2019〕13号),其中明确提出:降低养老保险单位缴费比例,由20%降至16%;目前低于16%的地区,要提出过渡办法。为了比较分析,在此选取一线城市和长三角的主要城市进行比较,如表5-6所示。

表5-6 2019—2020年度一线城市、长三角部分城市的企业社保缴费率比较

地区	养老保险最低缴费基数(元)	养老保险最高缴费基数(元)	基本养老保险企业缴纳比例(%)	基本医疗保险企业缴纳比例(%)	失业保险企业缴纳比例(%)	生育保险企业缴纳比例(%)	企业缴纳比例合计(%)	根据企业缴纳比例排序
北京	3 613	23 565	16.00	10.00	0.80	0.80	27.60	1
上海	4 927	24 633	16.00	9.50	0.50	1.00	27.00	2
深圳	5 585	19 014	14.00	6.20	0.70	0.45	21.35	17
广州	3 803	19 014	14.00	5.50	0.64	0.85	20.99	18
南京	3 368	16 842	16.00	9.00	0.50	0.80	26.30	6

(续表)

地区	养老保险最低缴费基数(元)	养老保险最高缴费基数(元)	基本养老保险企业缴纳比例(%)	基本医疗保险企业缴纳比例(%)	失业保险企业缴纳比例(%)	生育保险企业缴纳比例(%)	企业缴纳比例合计(%)	根据企业缴纳比例排序
杭州	3 321.6	16 608	14.00	10.50	0.50	1.20	26.20	7
苏州	3 368	16 842	16.00	7.00	0.50	0.80	24.30	13

表5-6显示,根据国务院规定下调社会保险费率后,上海企业缴纳比例为27%,比上一年度下降4%,但是仍位居全国第二;高于深圳5.65%,高于广州6.01%,也高于南京、杭州和苏州。因此,上海企业承担的缴费率仍有下降空间,否则十分不利于企业的经营发展。

(二)上海缴费基数全国居首

社保费的最低缴费基数主要依据各地平均工资水平、最低工资水平确定。由于养老保险、医疗保险、失业保险、生育保险最低缴费基数不统一,以养老保险为例,城市的最低缴费基数如表5-7所示。

表5-7 主要城市最低缴费基数和工资水平对比

地区	2019年社保费月最低缴费基数(元)	2018年月平均工资[省(区、市)全口径](元)	2018年最低工资标准(元)	备注
上海	4 699/4 927	7 832/8 211	2 420	社保缴费基数下限,根据本市上年度全口径平均工资的60%确定(多次调整平均工资,在2019年5月—2019年10月六个月的过渡期内,仍以7 832元/月作为参考水平;2019年11月起,参考水平调整至8 211元/月)

(续表)

地区	2019年社保费月最低缴费基数（元）	2018年月平均工资[省(区、市)全口径]（元）	2018年最低工资标准（元）	备注
深圳	5 585/2 200	9 309(市)	2 200	基本养老保险、工伤保险、生育保险、失业保险的缴费基数下限，按照本市企业职工最低工资标准确定；基本医疗保险的缴费基数下限，按照本市上年度在岗职工月平均工资的60%确定
广州	3 803/5 592/2 100	6 338(省)/9 156.6(本市城镇非私营单位在岗职工)	2 100	基本养老保险的缴费基数下限，根据广东省上年度全口径平均工资的60%确定；基本医疗保险、生育保险的缴费基数下限，根据本市上年度城镇非私营单位在岗职工平均工资的60%确定；失业保险的缴费基数下限，按照本市企业职工最低工资标准确定
北京	3 613/4 713	7 855	2 120	基本养老保险、失业保险的缴费基数下限，按3 613元/月确定；基本医疗保险、工伤保险、生育保险的缴费基数下限，根据本市上年度全口径平均工资的60%确定
南京	3 368	8 842(市城镇非私营单位在岗职工)/9 256(市城镇非私营单位在岗职工)	2 020/1 830/1 620	社保缴费基数下限，根据本市上年度在岗职工平均工资增长水平确定，2019年为3 368元/月
杭州	3 321.6	5 536	2 010/1 660	以浙江省上年度在岗职工月平均工资的60%为最低缴费基数
重庆	3 282	5 467	1 500/1 400	社保缴费基数下限，根据本市上年度全口径平均工资的60%确定
成都	2 697	5 394	1 780/1 650	基本养老保险的缴费基数下限，根据四川省上年度全口径平均工资的50%确定；基本医疗保险、失业保险、工伤保险和生育保险的缴费基数下限，根据四川省上年度全口径平均工资的60%确定

资料来源：整理自各省级行政区官方网站的文件和统计数据。

注：全口径城镇单位就业人员平均工资，以城镇非私营单位就业人员平均工资和城镇私营单位就业人员平均工资加权计算得到。

数据显示,上海的最低缴费基数居全国第一,高于北京、重庆等直辖市,也高于同属长江三角洲的杭州、南京。更为突出的情况如下:上海的最低缴费基数占上年平均工资之比为60%,是全国最高比例之一;而上海的平均工资则位居第五,低于北京、南京、广州、深圳。这直接说明了上海企业缴费负担是全国最高的城市之一,这不利于企业的长期发展。

为进一步考察上海企业社保缴费负担,假设均以最低缴费基数缴纳养老保险,上海企业以上年度社会平均工资的60%为养老保险缴费基数,按照基数的20%缴纳基本养老保险费,实际上相当于企业工资总额的18%。以上海缴纳水平为参照,北京、广州、深圳、南京、杭州、重庆、成都企业缴纳的基本养老保险费相当于工资总额的7.6%、8.4%、3.5%、7%、11.4%、8.4%、7.6%(深圳、南京按照最低缴费基数占平均工资的比重换算),可以看出上海企业的负担是相当重的。因此,过高的缴费负担不仅会增加企业人工成本,降低企业利润,还会抑制企业进一步发展。此外,最低缴费基数对低收入员工影响较大,使其承担的实际费率高于名义费率,并且实际收入水平相对缴费下限越低,不管是个人还是企业,其缴费负担都越重,这显然是有失公平的。不公平的缴费机制可能会导致企业向低缴费地区转移,这不利于上海的可持续发展。

二、企业社会保险费总额逐年攀升

来自上海相关政府部门的社保数据是企业、职工、居民缴纳的合计数,没有分开列示。为了获得上海企业缴纳的社保费用总额,笔者根据历年缴费比例、上海年平均工资、参保人数,推算企业年缴纳的社保总费用(见表5-8)。

表 5-8 2010—2019 年上海企业缴纳社保保费测算

	2010年	2011年	2012年	2013年	2014年	2015年	2016年	2017年	2018年	2019年
(1) 缴费基数下限 (元)	2 140	2 338	2 599	2 815	3 022	3 271	3 563	3 902	4 279	4 699
(2) 缴费基数上限 (元)	10 698	11 688	12 993	14 076	15 108	16 353	17 817	19 512	21 396	23 496
(3) 企业养老保险缴费比例(%)	22	22	22	22	21	21	20	20	20	16
(4) 养老保险参保人数(百万人)	6.57	9.76	9.93	9.92	10.05	10.28	10.51	10.59	10.71	10.71
(5) 企业医疗保险缴费比例(%)	12	12	12	12	11	11	10	9.50	9.50	9.5
(6) 医疗保险参保人数(百万人)	10.17	9.38	9.55	9.56	9.68	9.81	9.92	10.05	10.2	10.21
(7) 企业失业保险缴费比例(%)	2	1.70	1.70	1.70	1.50	1.50	1	0.50	0.50	0.50
(8) 失业保险参保人数(百万人)	5.56	6.04	6.17	6.26	6.34	6.42	9.47	9.62	9.77	9.77

(续表)

	2010年	2011年	2012年	2013年	2014年	2015年	2016年	2017年	2018年	2019年
(9) 企业生育保险缴费比例(%)	0.50	0.80	0.80	0.80	1	1	1	1	1	1
(10) 生育保险参保人数(百万人)	6.57	7.03	7.12	7.14	7.18	7.35	9.56	9.72	9.85	9.85
(11) 企业工伤保险缴费比例(%)	0.50	0.50	0.50	0.50	0.50	0.50	0.2~1.9	0.2~1.9	0.2~1.9	0.16~1.52
(12) 工伤保险参保人数(百万人)	5.56	8.8	8.99	9.04	9.2	9.33	9.43	9.58	9.73	9.73
(13) 年平均工资(元)	46 757	51 968	56 300	60 435	65 417	71 268	78 045	85 582	98 532	114 962
(14) 企业社保费用(亿元)=[(3)×(4)+(5)×(6)+(7)×(8)+(9)×(10)+(11)×(12)]×(13)	1 327	1 806	1 992	2 138	2 217	2 462	2 641	2 840	3 311	3 348

资料来源:2011—2019年《中国统计年鉴》。

注:2016—2018年工伤保险测算时采用浮动费率的平均数。

如表5-8所示,由于人均工资水平不断提升,上海的缴费基数也在不断上升,最低缴费基数从2010年的2 140元/月上升至2018年的4 279元/月,年平均增长速度约为9%。近年来,上海根据国家的减费降税政策,已经开始调整各项社保缴费比例。2014年,将企业养老保险、医疗保险缴费比例分别下调1%至21%和11%;将失业保险缴费比例下调0.2%至1.5%;此外也将生育保险缴费比例上调0.2%至1%。进一步地,2017年,继续下调企业养老保险、医疗保险、失业保险缴费比例至20%、9.5%、0.5%;将工伤保险缴费比例从0.5%调整至0.2%～1.9%的浮动比率。工伤保险缴费比例从2016年开始实行浮动费率,浮动费率能够促进企业的安全生产机制,对安全生产情况好的企业,在达到一定的标准后,工伤保险管理机构可以将企业应缴纳的工伤保险费率降低,以达到奖励的作用。对于那些安全生产状况差、工伤事故多,特别是社会保险机构对其安全生产现状进行评价而提出警示后,仍然对事故隐患不予清除,导致事故发生的企业,以提高工伤保险费率的办法来达到惩罚的目的。

上海参保人数逐年递增,覆盖范围越来越大,这意味着企业缴费总额越来越大。根据企业参保人数、缴费费率、平均工资,笔者粗略测算了企业承担的社保费(见表5-8)得知,企业缴纳社保费逐年递增,除2011年因为参保人数突增造成社保费增幅较大以外,社保费的增长速度与平均工资增长速度基本保持一致。社保费在企业人工成本中的占比偏大,不仅增加了企业经营成本,而且影响企业缴费积极性,造成部分企业欠费、逃费等现象。因此,合理设置缴费费率和缴费基数,对企业十分重要。

三、上市企业社保费负担率偏高

(一) 上市企业的缴费规模持续扩大

根据第四章的说明,选取 147 家上市公司分析社会保险费占其收入和利润的比重。基于数据的可得性,选取国泰安 CSMAR 数据库 2012—2018 年各公司年报中应付职工薪酬附注数据。以应付职工薪酬附注中基本养老保险费、医疗保险费、失业保险费、工伤保险费、生育保险费当年减少额的合计数为其上缴社保费,求得企业缴纳社保费的年平均值(见图 5-3)。

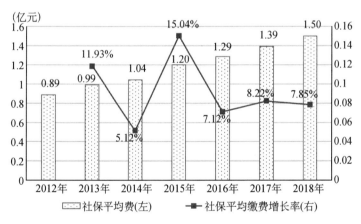

图 5-3 上海市上市公司平均社保缴费规模及增长率

如图 5-3 所示,2014 年起,上海的上市公司平均每年缴纳的社保费均超过 1 亿元,而且呈现逐年递增态势。由表 5-7 可知,2014—2018 年,上海的缴费人数变化不大,故而可知,企业的缴费负担在上升。2014 年,社保缴费增长率从 2003 年的 11.93% 下降至5.12%,降幅为57.08%。其原因是,2014年,上海下调了社会保险费率,企业缴费比例从2011年的37%下调至35%,企业缴费总额增长率大幅下跌。2015年,企业缴费增长率增至15.04%。其主要原因在于,随着缴费比例的下降,提升了企业缴费积极性,进而提高了实际缴费水平。2016年,企业缴费增长率从12.39%下降至7.59%,降幅为38.8%,降幅明显。主要原因是,2016年,上海再次下调社保缴费比例,企业养老保险、医疗保险、失业保险缴费比例分别下调1%、1%、0.5%,工伤保险缴费比例由原来的0.5%调整为0.2%～1.9%的浮动费率。2017年、2018年,上海根据国家政策相应下调了医疗保险、失业保险缴费比例,因而企业缴费增长率保持了平稳态势,但是总额在持续增加,这主要是缴费基数不断调增所致。

(二) 包括社会保险费的税费负担率(综合税负 B)

第二章我们已界定了综合税负 B 是指企业缴纳的税金及附加与所得税费用之和占利润总额的比重。先测算利润表中上市公司的社会保险费占其利润总额的比率,公式如下:

$$社保负担率 = \frac{社保费}{利润总额} \times 100\% \quad (5-1)$$

在单独计算了社会保险负担率的基础上,采用第三章广义的综合税负 B 测算上市公式的税费负担率(参见图5-4):

$$广义的综合税负 B = \frac{营业税金及附加 + 所得税费用 + 社会保险费}{利润总额} \times 100\% \quad (5-2)$$

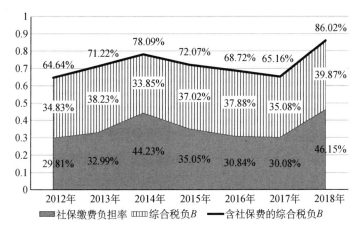

图 5-4 2012—2018 年上海上市公司平均税费负担率

社保负担率用于衡量企业承担的社会保险缴费实际负担率。如前所述,对于企业而言,社保费与税收收入一样,是企业依照法律法规上缴政府的收入,因而直接构成企业的负担,为此,采用综合税负 B 测算上市公司缴纳的所有税金和社保费之和占利润总额的比例,考察企业以利润为基数的税费综合负担率。根据 1% 的极值剔除标准剔除后,求出年平均值,绘制出上海的上市公司社保缴费负担率变动趋势(见图 5-4 中的实线面积),以及包括营业税金及附加、所得税费用的税负变动趋势(见图 5-4 中的竖线面积图)。

由图 5-4 可知,2012—2015 年,上海的上市公司社保负担率从 29.81% 最高上升到 2014 年的 44.23%,随后开始下降,至 2017 年降到 2013—2018 年最低,为 30.08%,但于 2018 年再次上升到 46.15%。以利润总额为分母考察税费负担率时会出现这一情况,原因包括以下两个方面:①上海的缴费基数、缴费率在国内都位居前列(参见表 5-7、表 5-8),上海相关部门社保管理规范,企业为员工缴纳社保的情况良好,少有漏缴、少缴的违规现象。②上市公司的利润总额在快速下降(参见图5-5),导致以利润总额为分母的社保负担率快速上升。相应地,上市公司利润总额的快速下降导致所得税负担率也快速增加,因此,2017—2018年的税费负担率从65.16%上升至86.02%。如图5-5所示,上市公司利润变动的波动剧烈,尤其是2017—2018年,上市公司平均利润总额增长率从24.11%下降至4.40%。利润总额的巨幅下降使得以其为分母衡量的税费负担率的指标急速上升。

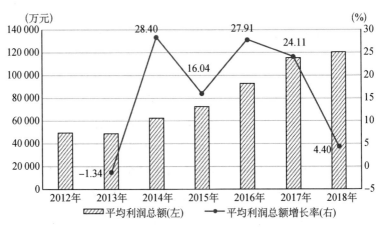

图5-5 上海上市公司平均利润总额及增长率

在世界银行和普华永道统计的《2019年营商环境报告》中,中国营商环境总评价位列第46位,但是总税收和缴费率为59.2%,其中劳动力税费("五险一金")为48.1%,高于全球165个经济体的平均水平。本书的测算也表明,上海上市公司的税费负担偏重,主要原因是较高的社会保险费规模。本书与世界银行和普华永道统计数据的差别在于,他们采用"商业利润"作为分母,而本书采用的是上市公司利润表中的"利润总额",其中原因已经在第二章第二节中作了详细说明。

一直以来,学界和实践领域都对国有企业和非国有企业之间税费负担的不同存在各种讨论和争议。总体而言,国有企业在计算和缴纳社会保险费方面规范执行国家、上海的相关政策,因而国有企业的社会保险缴费基数和缴费率是最高的;非国有企业,尤其是民营企业,则相对会低一些。为进一步探究上海国有、非国有企业的社保负担率分布情况,以上述165家公司为例,分析了2018年国有、非国有企业不同社保费负担率的企业分布数量及占比(见图5-6、图5-7)。

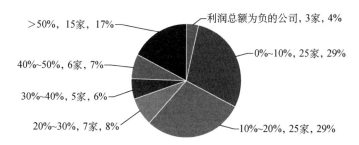

图5-6 2018年上海的上市企业中国有企业社保负担率分布

如图5-6所示为国有上市公司的社保负担率情况。国有上市公司中,社保负担率在0%～10%的企业有25家,占国有上市公司的比重为29%;社保负担率在10%～20%的企业有25家,占国有上市企业的比重为29%;社保负担率低于20%的企业占国有上市公司总量的58%。另外36家企业的社保负担率则超过20%,其中,社保负担率在20%～30%的企业有7家,在30%～40%的为5家,40%～50%的有6家,超过50%的有15家,利润总额为负的公司为3家。

如图5-7所示为非国有上市公司的社保负担率情况。非国有上市公司中,社保负担率在0%～10%的公司有21家,占非国有

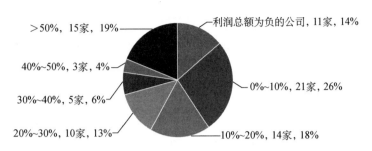

图 5-7 2018年上海的上市公司中非国有企业的社保负担率情况

上市公司的比重为26%;社保负担率在10%~20%的公司有14家,占比为18%;社保负担率在20%以内的非国有上市公司有35家,占非国有上市公司总数的38%,只有不到一半的非国有上市公司的社保负担率在20%以下。另一个需要注意的是,社保负担率超过50%的非国有上市公司有15家,占非国有上市公司总数的19%,利润总额为负的非国有上市公司11家,占比14%,这一情况更说明了社保缴费率高低对公司经营的影响程度。

比较图5-6、图5-7发现,国有上市公司中58%的企业社保负担率在20%以下,非国有上市公司中则只有38%的公司社保负担率在20%以下,比国有企业低了20%。结合图5-5的信息可知,民营企业的利润总额下降更快。此外图5-6、图5-7还显示,有一部分企业的社会保险负担率为负值(<0部分),即利润总额为负,同时缴纳了社会保险费。在本书第二章的理论探讨中解释了为何选择以社会保险额占利润总额之比考核企业的税费负担率。企业在缴纳税金及附加、社保费,再扣除当期相应的成本费用后,利润总额为负数,则意味企业已经没有资金扩大投资、增加研发费用,甚至无法保持基本再生产。因此,进一步改革我国社会保险制度,降低社会保险费缴费率,降低企业成本迫在眉睫。

四、企业设立年金制度激励性不足

企业年金是指企业及其职工在依法参加基本养老保险的基础上,依据国家政策和本企业经济状况,经过必要的民主决策程序建立的享受国家税收支持的养老保障计划。企业年金是我国城镇职工养老保险体系的"第二支柱"。根据国务院办公厅公布的《机关事业单位职业年金办法》,机关事业单位建立职业年金是强制性的,只要参加机关事业单位养老保险,必须同时建立职业年金,单位的缴费比例为8%,个人的缴费比例为4%。对企业而言,年金采取自愿模式,企业缴费每年不超过本企业职工工资总额的8%,企业和职工个人缴费合计不超过本企业职工工资总额的12%,具体所需费用由企业和职工协商确定。

上海老龄化程度位居全国第一。2017年,上海60岁及以上老年人口为483.60万人,占总人口的33.2%,较2016年增加了25.81万人,增速为5.6%。养老金的支付压力越来越大,企业年金的建立对养老保障体系能够起到很好的补充作用。但是,目前20%的基本养老保险缴费比例已经使企业的负担过重,在这样的费率水平之下,企业建立年金就比较困难了。因此,降低基本养老保险的缴费比例,才能给企业自愿性福利的建立留出成本空间,才能有利于年金的发展。在上文的147家企业中,2017年只有60家企业建立了年金制度,而且这60家企业中大型国有企业占大多数,非国有企业覆盖率是比较低的。因为建立年金会增加企业的支出,影响当期利润,再加上较高的社保费负担,多数企业都选择不建立年金。

目前,我国企业年金税收优惠采取EET模式,即在年金缴费和基金投资阶段均在规定限额内免税,在年金给付阶段对职工领取的收入征收个人所得税。企业年金的所得税优惠会为企业节省投入成本,因为允许缴费在税前列支,允许投资收入的税收豁免。在年金缴费阶段免税,若企业为员工缴纳的年金不超过工资薪金的5%,按照25%的企业所得税计征,企业则降低了25%的税收成本,能够调动企业的积极性。但是,相对于发达国家,我国企业年金的企业所得税不超过工资薪金总额5%的标准过低,而德国、加拿大、澳大利亚、美国均超过了10%,美国最高可以为年度报酬的25%。因此,我国企业年金税收优惠还有待提高。

第四节 经营服务性收费与企业非税负担

第二章已从理论上明确了公共收费包括的三种类型,即行政性收费、事业性收费和经营性收费,同时明确了我国政府的财政收入中由企业承担的部分主要是行政事业性收费、政府性基金收入、社会保险收入等。因此,经营性收费在我国被称为经营服务性收费,在我国预算管理中不属于财政收入。从这一概念出发,企业支付的经营服务性收费不属于企业的非税负担,而属于企业的经营管理费用。

在实践中,我国的经营服务性收费由政府定价,范围主要为重要公用事业、公益性服务和自然垄断经营的商品和服务等,尤其是一些行政审批前置的各类评估、检验、监测、鉴证等服务。对于企业而言,其性质与行政事业性收入相同,因而也是企业承担的非税负担。部分经营服务性收费还存在服务项目多、收费高的情况,不仅增加了企业的经营成本,而且不利于优化营商环境。因此,对于企业而言,支付的经营服务性收费因政府定价而带有非税负担的内涵。基于此,为了进一步优化公共定价,在此作简要讨论。

一、 政府定价的涉企经营性收费项目不断减少

近年来,中央和地方都在大力清理规范涉企经营服务性收费。上海根据国家相关部委的文件和规定,积极推进清理不合理的经营服务性收费。2011年,上海市就发布了《上海市发展和改革委员会、上海市经济和信息化委员会、上海市纠正行业不正之风办公室等关于取消部分涉企经营服务性收费的通知》(沪发改价费〔2011〕002号),公布了必须取消的经营服务性收费。随后,上海不断加大治理力度,定期在上海市政府官网发布经营服务性收费目录清单,不断提高信息透明度,逐步减少收费项目。尤其是2017年,上海发展改革委员会牵头清理规范涉企经营服务性收费工作,收效显著。2016年上海的涉企经营服务性收费项目为64项,2017年为34项,并且在官方网站详细公布了市政府取消的项目以及相关单位自查取消的涉企经营服务性收费项目[1]。这一举措不仅明显降低了企业的非税负担,更为重要的是在社会上好评不断,显著提升了上海的营商环境。截至2020年,上海市政府定价的涉企经营服务性收费已经精简到13大类。

根据上海市政府网站公布的《上海市政府定价的涉企经营服务性收费目录清单(2020版)》[2],上海现在有13大类经营服务性

---

[1] 《上海市发展和改革委员会、上海市财政局、上海市经济和信息化委员会、上海市民政局、上海市行政审批制度改革工作领导小组办公室关于进一步做好涉企经营服务性收费清理规范工作的通知》(沪发改价费〔2017〕4号)。

[2] 见上海市发展和改革委员会官网,http://fgw.sh.gov.cn/hzsyxsb/20191218/0025-37291.html。

收费项目,主要包括交通、公用事业,以及公证、司法鉴定等三大类。其中,关于司法鉴定类收费项目,根据2019年7月18日上海市司法局等印发的《关于推进公证体制改革机制创新工作的实施意见》,今后公证机构将精简核销事业编制,编制总数只减不增,逐年核减,推进合作制。其中特别指出,要完善公证机构财务管理制度,建立健全科学合理的公证机构运营成本及利润的核算制度。公证机构实行企业化财务管理制度,进一步探索建立企业化法人治理结构,充分激发公证机构发展活力。以此为例,相信今后上海的经营服务性收费项目会进一步减少,这不仅有利于减轻企业负担,还可以进一步优化上海营商环境。在目前不少省(区、市)还存在乱收费、提高收费标准现象的情况下,相信上海的这一做法会起到标杆和引领作用。

二、涉企经营性收费项目的信息难以获取

在研究过程中,突出的问题是难以获取相关数据,无法实际测算这部分费用对企业的影响。对企业调研访谈的信息表明,企业对这一部分经营性费用提出了两个问题:①定价标准复杂,价格偏高;②收支信息模糊。这类收费项目企业自收自支,不对外披露服务数量和收入情况,也不利于社会监督。综上所述,全面建立健全目录清单制度,完善收费监管规则,对减轻企业实际负担尤为重要。举例如下。

(1)面对房地产开发企业收取的电力工程配套建设费用,非居民用户和新建住宅收费标准不同,非居民用户根据电压等级不同其收费也不同,新建住宅根据其在外环线内还是外环线外收费也不相同。

（2）道路车辆救援服务收费标准、重大建筑工程地震安全性评价收费标准、移动通信基站天线设置使用费标准、律师服务（部分）收费标准、司法鉴定（部分）收费标准、公证服务（部分）收费标准除了附录3中规定的以外，其他标准都需要参见文件才可获取，可见收费标准较为复杂。

（3）经营服务性收费由行政事业单位自收自支，收费数据难以获取，透明度仍需加强。因此，全面建立健全目录清单制度，完善收费监管规则，逐步纳入非税收入，对减轻企业实际负担尤为重要。

第六章
为企业而减税降费

2015年以来,我国经济下行压力加大,企业利润率下降,投资下降,钢铁、煤炭、水泥、石油、石化、有色金属等行业产能过剩严重等问题突出。在这一宏观经济背景下,优化供给侧机制,改善供给侧环境,大力激发微观经济主体活力,方能给我国经济长期稳定发展带来新动力。企业要提高利润率,必须降成本,其中,上缴政府的税费支出必须降下来。我国供给侧改革不断推进,不断加大减税降费力度,取得了显著成效。与此同时,部分企业反映,税负痛感并未明显减轻,上海的部分企业也有这一反馈。据此,前文分别从宏观税负、微观税负、非税负担三个维度测算了上海上市公司的税费负担,结果的确不令人轻松。截至2019年的数据表明,减税降费已经推行五年,政府相关部门也在大力清费降费,但是由于企业利润下降更快,加上社会保险费缴费基数偏高、缴费率不低等因素叠加,导致上海上市公司的税费负担偏高,尤其是对企业现金流影响颇大。因此,本书从企业视角出发,建议进一步优化营商环境、深化财税体制改革,进一步减轻企业税费负担,从而激励企业加大科技创新、加快转型升级,提升市场活力,促进社会经济发展。

第一节　进一步降低企业税费负担的思路

一、上海减税降费成效显著，激活了企业发展

（一）2016—2019年，上海减税降费规模达5 022亿元

上海积极响应中央号召，推动供给侧结构性改革，实施减税降费政策。2016—2018年，上海的三轮措施累计为实体经济减负超过3 000亿元。2019年，上海继续大力推进减税降费，精准落实减税降费的实施对象，成效显著。2020年1月的《上海市政府工作报告》指出，2019年上海减税降费总额达到2 022亿元。2019年，上海统筹提出7方面15项减负举措，在落实减税降费的基础上，还在地方权限范围内进一步降低各项税费执行标准，并不断优化升级营商环境[①]。全市经济发展新动能持续增强，全社会研发经费支出占全市生产总值的比例达到4%，平均每个工作日新注册企业1 476户，增长12%；经济结构持续优化，战略性新兴产业制造业部分产值占工业总产值的比重提高到30%。这些成绩充分说明上海的减税降费措施降低了企业税费负担，促进了企业发展，改善了营商环境。

（二）2019年，上海持续发力减税降费

除了推进国家各项减税降费政策落地，上海还在地方权限范

---

① 李立鸣.减负成效显著，上海2019上半年累计减税降费931.3亿元[EB/OL].界面新闻，2019-08-07. https://www.jiemian.com/article/3380746.html.

围内进一步降低各项税费执行标准,主要表现如下:①按照相关工作要求,上海已将车船税税额标准降低至法定最低水平,将房产税原值减除比例由20%提至30%,将上海一至五级城镇土地使用税税额标准降低50%。据上海市税务部门透露,上述政策仅2019年上半年就为企业减负20.8亿元。②上海按照《财政部关于调整部分政府性基金有关政策的通知》等文件的要求,按50%的幅度顶格减征上海市地方文化事业建设费,并加强收费管理情况调研和政策梳理,对市场监管、市政公共设施等重点领域收费情况进行排摸掌握。③2019年,上海市税务部门加速打造税收领域"放管服"升级版,切实降低市场主体涉税制度性成本,推动优化升级本市的税收营商环境。上海加大了"智慧税务"探索力度,对311项网上办税事项进行套餐化、智能化改造升级,实现依申请事项"一站式"网上办结,实现了84个事项的智能化审批,并使14万余人次使用智能语音系统,28万余人次享受到掌上智能咨询服务。④全国首个政府部门合作开发的纯公益性银税互动平台也在上海建立,共享数据规模由原来的25项扩大至67项,实现与全市60家金融机构的税银数据"一线直连"。

二、积极应对国际环境新变化和新挑战

(一) 全球营商环境不断优化

世界银行《2020年营商环境报告》显示,我国在2019年度全球营商便利度中排名第31位,相较于2018年度(排名第46位)、2017年度(排名第78位),有了大幅度提升;我国已连续第二年跻身全球营商环境改善幅度最大经济体排名前十。具体到10个单

项:执行合同为第5位,获得电力为第12位,开办企业为第27位,保护少数投资者和等级财产均为第28位,办理施工许可证为第33位,办理破产为第51位,跨境贸易为第56位,获得信贷为第80位,而纳税为第105位,是我国所有单项指标中最低的,在190个经济体中排名第105。与此同时我们知道,世界银行选取北京和上海作为监测城市,其中北京占总样本的比重为45%,上海占总样本的比重为55%。从这一组数据可知,作为全球中心城市,上海的纳税情况仍需要进一步改善。

(二) 美国税改带来的外部冲击

2017年12月2日,美国总统特朗普的税改方案正式获得通过并执行,方案提出了降低企业、个人所得税,简化税务制度以及提高福利等一揽子税制改革。这是美国自里根时代30年以来最大的一次税改,全球生产要素向美国流动,"制造业重回美国",美国税改的外溢性举世瞩目;与此同时,英国、俄罗斯等国也在逐步推行以降低税负为主题的税制改革,凡此种种,加大了竞争压力。上海作为我国经济增长、制度创新的引领城市,必须在应对外部挑战、降低企业税费负担方面积极做出行动,从而激活上海经济发展、长三角经济发展,强化龙头作用。

三、新冠肺炎疫情后上海引领国际国内双循环的现实选择

突发的新型冠状病毒(以下简称"新冠")肺炎疫情至今仍在全球蔓延,加剧了全球经济进入衰退的危局,深刻影响着全球化、国际贸易、国际金融的秩序。在此背景下,我国提出加快形成以国内

大循环为主体、国内国际双循环相互促进的新发展格局,党中央、国务院出台了一揽子政策举措,扩内需、稳外资、稳外贸,多措并举稳住经济基本盘。其中,市场主体尤为关键,在这一背景下,继续深化供给侧结构性改革,加大减税降费力度,才能推进宏观政策更好地落地见效,畅通国民经济循环,加快形成新发展格局。

我国即将进入"十四五"发展期间,上海要持续强化其"一带一路"桥头堡作用以及中国服务业进一步对外开放的前沿阵地的作用,打造国内大循环的中心节点。为此,上海要通过一揽子的财税政策,为企业生存和发展提供动力,扫除市场要素自由流动的障碍,实现经济运行过程中的"守望相助",为企业提供更大的发展空间,从而实现上海、长三角地区更大的增长空间。笔者建议,上海应在最大程度上激励企业创新,以确保企业充分享受和利用国家税收优惠政策,持续清费降费,完善社会保障体系等。具体从减税、清费降费、试点社会保险税、完善配套措施等方面提出措施。

四、减轻企业税费负担的配套措施

为进一步提升企业竞争力、优化上海营商环境,还需要持续降低企业非税综合成本,以激发企业活力。企业的非税综合成本除第五章提及的行政事业性收费、政府性基金、企业经营服务性收费以外,还包含企业融资成本、办税成本等。因此,逐步减轻上海企业的融资成本、办税成本(包含办税人力配置、物力投入、资金占用等隐性成本)等,从而降低企业非税综合成本,具有一定现实意义。

(一) 进一步提升"互联网＋政务服务",全面降低企业的行政成本

在"互联网＋"背景下,上海需要着力深入推进"互联网＋政务服务",努力做到企业市场准入"全网通办"、政府政务信息"全域共享",进一步为企业降低经营成本。

以上海科创中心建设为例,国家税务总局于2016年1月发布《国家税务总局关于支持上海科技创新中心建设的若干举措》,出台了有关减轻企业办税负担的举措,以鼓励科创中心建设。具体来看,出台了内外贸税收征管"一体化"、扩大增值税申报"月转季"、电子发票应用范围"广覆盖"、出口退税管理"无纸化"等。因此,在进一步完善上海科创中心建设的基础上,建议将上述举措进行全面推广:扩大范围实施增值税申报"月转季",能有效减轻科创企业资金周转压力和经营成本;推广减免税政策由"清单制"从"审核制"到"备案制"再到"自享制"的升级,据此纳税人只要符合清单事项办理条件,即可通过网上自主申报,直接享受优惠。

综上所述,要着力优化上海的营商环境,还需要着手解决企业融资、办税等问题,进而切实减轻企业税费负担,推动企业创新升级。

(二) 加强金融创新,降低融资成本

中小企业的融资渠道比较狭窄,主要依赖银行贷款和民间借贷,虽然也有风险投资、股票发行和债券发行等渠道,但对缓解中小企业融资难所起的作用较为有限。其中,初创企业、科技型企业融资难度较大。上海作为国际金融中心,拥有全国数量最多的金融机构,具有要素市场集中、融资渠道多样等优势,因此,为加强科

创中心等建设,有条件、有必要在创新融资模式上加大改革开放力度,破解我国企业融资难、融资贵的困局。

上海已经在全国范围内率先将"银税互动"与"政策性担保贷款"机制紧密融合。截至 2019 年 6 月末,在沪银行机构累计发放各类银税合作产品贷款 467 亿元,银税合作项下小微企业贷款余额 178 亿元,为小微企业省去约 2.1 亿元相关费用①。

进入新时期,上海要在企业融资方面继续增加金融创新工具,积极为中等以上规模企业拓宽融资渠道、降低融资成本,必要时提供周转资金,在扶持企业发展方面加大制度创新、机制创新,并形成可复制、可推广至全国的上海模式。此外,可以借鉴国外经验,成立中小企业贷款证券化平台,促进中小企业贷款证券化,提高商业银行发放中小企业贷款的积极性,从而扩大中小企业的融资来源。

第二节 多维度激励企业转型升级,进一步降低企业税收负担

结合第四章对上海上市公司税收负担的实证分析,国有企业的流转税税负、综合税负高于非国有企业,而所得税税负低于非国有企业(具体参见表 4-6)。目前,上海实现了以第三产业为主导、第二产业为辅的产业发展格局。在当今全球制造业复兴的浪潮中,上海必须进行传统制造业内部的转型升级、优先发展

---

① 李立鸣.减负成效显著,上海 2019 上半年累计减税降费 931.3 亿元[EB/OL].界面新闻,2019-08-07. https://www.jiemian.com/article/3380746.html.

先进制造业①，同时加快科创中心、自贸区自贸港等的建设，以激励企业转型升级，切实降低企业税收负担。上海将对标国际最高标准，寻找差距，着力优化税收营商环境，为企业减税降费，为上海赢得城市发展的持续动力，引领国内制度创新。

一、扩大准允抵扣范围，降低流转税税负

为推进制造业转型升级，提升国际竞争力，上海于2016年6月颁布了《上海制造业转型升级"十三五"规划》，直接对标"中国制造2025"战略，从三个方面对产业进行规划：一是加快发展战略性新兴产业，二是改造提升传统优势制造业，三是积极推进生产性服务业。针对流转税而言，其减免或返还权限属于国务院、财政部、国家税务总局等，地区少有减免权限。因此，为降低上海企业承担的流转税税负，主要方案为尽可能发展国家颁布流转税中具有优惠政策优势的产业，激励传统制造业转型升级，大力发展先进制造业和科创中心。

（一）激励传统制造业转型升级，进一步降低流转税税负

第四章的实证结果（见表4-6）显示，上海国有企业的流转税税负高于非国有企业、第三产业承担的税负高于第二产业，企业规模越大承担的税负越重。为此，上海需要在减轻中小规模企业税

---

① 先进制造业相对于传统制造业而言，是指不断吸收电子信息、计算机、机械、材料以及现代管理技术等方面的高新技术成果，并将这些先进制造技术综合应用于制造业产品的研发设计、生产制造、在线检测、营销服务和管理的全过程，实现优质、高效、低耗、清洁、灵活生产，即实现信息化、自动化、智能化、柔性化、生态化生产，取得很好经济收益和市场效果的制造业总称。

负的同时,精准发力,减轻大企业的税费负担。

2013年12月17日,上海率先发布《中共上海市委、上海市人民政府关于进一步深化上海国资改革促进企业发展的意见》("上海国资国企改革20条"),这是我国首个地方国资国企改革方案。上海地方国有企业已连续多年保持生产总值占全市GDP总量1/4,2016年实现营业收入3.05万亿元,约占全国地方国资委监管企业总量的1/6,为上海经济社会发展作出了重要贡献。为了进一步深化国企改革,2019年8月,上海市人民政府发布《上海市开展区域性国资国企综合改革试验的实施方案》(沪府规〔2019〕33号)。该方案提出加快推动混合所有制改革,积极吸引优质资本,深化国有企业股权多元化,深化战略性合作,切实转变机制、搞活机制,更加灵敏高效地应对市场竞争。到2022年,上海将在国资国企改革发展重要领域和关键环节取得系列成果,建成以管资本为主的国资监管体制,形成符合高质量发展要求的国资布局,建立中国特色现代国有企业制度,充分发挥企业党委领导作用,构建符合市场规律的企业经营机制,基本完成竞争类企业整体上市或核心业务资产上市,将一批企业集团打造成为具有国际影响力或领先国内同行业的知名品牌①。

为进一步降低国有、非国有企业流转税税负,激励传统制造业转型升级,建议提高企业生产率,促进创新,提高增值税进项实际抵扣率,努力实现应抵尽抵。

1. 提高进项实际抵扣,降低企业增值税税负

为消除重复征税、减轻企业负担、支持服务业发展,自2012年

---

① 《上海市开展区域性国资国企综合改革试验的实施方案》政策解读[EB/OL].中国经济网,2019-09-05. http://www.ce.cn/xwzx/gnsz/gdxw/201909/05/t20190905_33092908.shtml.

1月1日起,营业税改征增值税试点首先在上海交通运输业和部分现代服务业中开展。2016年5月1日,全面推开"营改增",全行业纳入增值税征收范围。企业能够获取允许抵扣的进项税的费用主要是生产成本中的直接材料、燃料及动力,以及制造费用中用于生产的机器设备类的固定资产、辅助用材料等具有外购性质的费用。期间费用和生产成本中的直接人工等不具有外购性质的内生费用则无法进项抵扣,进而会使得企业存在增值税进项税额实际抵扣率低于理论抵扣率的现象,增加了企业成本。据此,建议上海鼓励企业加快转型升级,提高产业的智能化,提高增值税进项抵扣。

2. 加快产业转型升级步伐,充分利用流转税税收优惠

当前,上海制造业正处于转型升级的关键时期,但仍有部分企业转型升级意识不强,自主创新能力落后,各种要素成本居高不下,上海传统制造业的发展困难重重。上海传统制造强项,如汽车、钢铁、化工、船舶等,在"十三五"期间都在着力进行改造提升,向"高精尖"的方向发展。在此过程中,必须紧紧围绕结构调整和技术进步,继续推进整体劳动生产率水平的提升,加快技术进步的转化,妥善处理好产业高端化和高新化的关系,通过提高附加值来提升劳动生产率;同时充分利用流转税优惠政策,以实现传统制造业转型升级,切实降低企业税收负担。

自2016年开始,我国工业机器人、民用无人机、新能源汽车、城市轨道车辆、锂离子电池、太阳能电池等新兴工业产品产量均呈现高速增长态势,增速均超过了30%。其中,工业机器人领域增长最为显著,在低基数的基础上实现了爆发性增长,如图6-1所示。

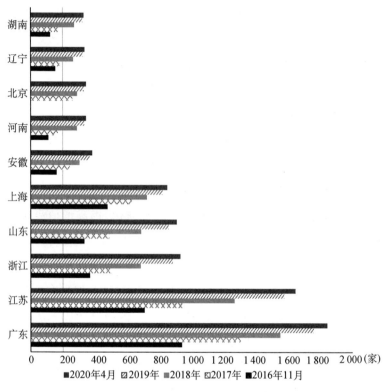

图 6-1　2016 年 11 月—2020 年 4 月全国拥有机器人企业数量排名前十的省(区、市)

限于数据的可得性,我们 2016 年采用的是 1—11 月的数据,2020 年采用的是 1—4 月的数据,2017 年、2018 年、2019 年采用的是全年数据。截至 2020 年 5 月,全国机器人企业有 10 455 家,排名前十的省(区、市)如图 6-1 所示。其中,上海在 2016 年 11 月份拥有 476 家,到 2020 年 4 月底有 847 家,不到五年时间增长了 77.94%;与此同时也要看到差距,广东始终稳居第一,以 2020 年数据为例,广东有 1 843 家,江苏稳居第二(1 646 家),浙江后来居上拥有 928 家,山东有 906 家。上海位列第五,与广东、江苏、浙江均有较大差距,仍需要在政府的财税政策扶持下,激励企业加大研发投入,加快发展机器人产业。

3. 助力环保产业转型升级,充分利用环境保护税减免优惠

2017年11月22日,上海市十四届人大常委会第四十一次会议表决通过了《上海市应税大气污染物和水污染物适用税额标准的方案(草案)》,根据《中华人民共和国环境保护税法》相关规定,结合上海实际情况,确定了环境保护税(以下简称"环保税")应税大气污染物和水污染物适用税额标准。

2018年1月1日起开征的环保税替代了过去的排污费,不仅如此,还扩大了征收范围。原来没有缴纳排污费的企业,在环保税实施后可能被纳入征收范围,会增加这部分企业的负担。因此,为降低企业因缴纳环保税而增加的负担,建议缴纳环保税的企业参照相关减免税规定,充分利用环保税减免措施,从而在一定程度上降低企业税负。例如,纳税人排放应税大气污染物或者水污染物的浓度值低于国家和地方规定的污染物排放标准30%的,减按75%征收环境保护税,等等(详见表6-1)。

表6-1 环境保护税优惠政策

优惠方式	税收优惠政策内容
免税优惠	对机动车、铁路机车、非道路移动机械、船舶和航空器等流动污染源排放应税污染物的暂免征税
	鼓励固体废物综合利用,减少污染物排放,对纳税人综合利用的固体废物,符合国家和地方环境保护标准的暂免征税
减税优惠	纳税人排放应税大气污染物或者水污染物的浓度值低于国家和地方规定的污染物排放标准30%的,减按75%征收环境保护税
	纳税人排放应税大气污染物或者水污染物的浓度值低于国家和地方规定的污染物排放标准50%的,减按50%征收环境保护税

(二) 促进先进制造业与生产性服务业融合发展,大力发展低税率新兴产业

2016年6月印发的《上海市制造业转型升级"十三五"规划》(以下简称《制造业规划》)的目标是上海在"十三五"期间综合竞争力迈入世界先进水平行列,成为具有高附加值、高技术含量、高全要素生产率的国际高端智造中心之一。2018年1月4日,上海发布《上海市城市总体规划(2017—2035年)》,指出要着力保障上海先进制造业的发展。2016年以来上海在优化营商环境、助力先进制造业发展方面采取了诸多措施,取得了一定的成绩。赛迪顾问智能装备与智能制造产业研究中心发布的《2019中国先进制造业城市发展指数》(以下简称《指数》),对全国126个重点城市的先进制造业发展水平进行了综合评价,上海以83.6分排名首位,深圳、北京、广州、苏州位列第二至第五位[①]。制造业一直是城市经济发展的稳定器,是提升城市经济韧性的关键所在。因此,接下来上海要继续加大对制造业的支持,使企业降低经营成本,提升竞争力。

1. 引导企业技术创新,充分发挥增值税优惠政策作用

一直以来,我国形成了以直接税(所得税)优惠为主、间接税(增值税)优惠为辅的税收优惠体系。从实际情况来看,我国增值税优惠比例较低,所得税优惠占据主导地位。上海对标《制造业规划》,提出了新一代信息技术、智能制造装备、生物医药与高端医疗器械、高端能源装备、节能环保等九大战略性新兴产业。因此,先进制造业与生产性服务业的融合发展将成为上海未来产业的主攻

---

① 张凌燕.赛迪顾问报告:《2019中国先进制造业城市发展指数》(全文分享)[EB/OL].搜狐网,2019-08-28. https://www.sohu.com/a/337059431_378413.

方向。因此,建议上海市政府充分利用上述产业增值税优惠政策,促使企业充分享用政策红利,进一步促进产业创新。目前,增值税税收优惠政策主要集中于企业设备的购置和技术转让等方面(详见表6-2)。

表6-2 现行增值税优惠政策概要

企业	优惠政策具体内容
软件生产	增值税一般纳税人销售其自行开发生产的软件产品,按13%税率征收增值税后,对其增值税实际税负超过3%的部分实行即征即退政策
	对增值税一般纳税人随同计算机网络、计算机硬件和机器设备等一并销售其自行开发生产的嵌入式软件,如果能够分别核算嵌入式软件与计算机硬件、机器设备等的销售额,可享受软件产品增值税优惠政策
集成电路	自2011年11月1日起,对国家批准的集成电路重大项目企业因购进设备形成的增值税期末留抵税额准予退还①
生物制品	增值税一般纳税人销售自产的用微生物、微生物代谢产物,动物毒素,人或动物的血液或组织制成的生物制品,可以选择按照简易办法依照3%征收率计算缴纳增值税
	增值税一般纳税人销售生物制品,可以选择简易办法按3%的征收率计算缴纳增值税
飞机研制	2018年1月1日—2023年12月31日,对纳税人从事大型民用客机发动机、中大功率民用涡轴涡桨发动机研制项目而形成的增值税期末留抵税予以退还;对上述纳税人及其全资子公司从事大型民用客机发动机、中大功率民用涡轴涡桨发动机研制项目自用的科研、生产、办公房产及土地,免征房产税、城镇土地使用税②
先进制造业	对直接用于科学研究、科学试验和教学的进口仪器、设备免征增值税
研发机构	2019年1月1日—2020年12月31日,研发机构(包括内资、外资研发机构)采购的国产设备,全额退还增值税③

---

① 《关于退还集成电路企业采购设备增值税期末留抵税额的通知》(财税〔2011〕107号)。
② 《财政部 税务总局关于民用航空发动机、新支线飞机和大型客机税收政策的公告》(财政部 税务总局公告2019第88号)。
③ 《财政部 商务部 税务总局关于继续执行研发机构采购设备增值税政策的公告》(财政部公告2019年第91号)。

为鼓励先进制造业发展,国家主要针对软件、集成电路、生物制品等产业制定了相关增值税优惠政策。例如,对软件行业和集成电路设计企业增值税负超过3%的部分实行即征即退政策,等等。同时,也从增值税角度鼓励企业出口、技术创新,激励企业转型升级。据此,建议上海大力发展先进制造业,充分利用增值税税收优惠政策,实现产业的多元化创新发展。

2. 助力上海高端"智造",进一步降低软件和信息服务业增值税税负

目前,上海先进制造业在产业空间布局上,实行集约集聚、集群发展,形成了以"创新引领、带状分布、集群集聚"为特点的产业空间布局:郊区集聚发展先进制造业,中心城区优先发展高附加值都市型工业和高端生产性服务业。上海软件和信息服务业继续向高端领域发展,服务化、网络化及平台化特征明显,各类创新活动和新兴业态模式持续涌现并迅速成长,部分领域已占据国内领先地位。为加快软件产业向高端发展,上海已经发布《关于本市进一步鼓励软件产业和集成电路产业发展的若干政策》等政策性文件。据此,建议政府在确保现有政策力度不减的基础上,对企业通过自主开发或者合作开发,具有技术领先优势,拥有自主知识产权的软件产品等大力支持,并使这些企业能够充分利用国家增值税税收优惠,切实减轻企业增值税负担。

3. 加大力度发展文化创意产业,降低增值税税负

文化创意产业是一种在经济全球化背景下产生的以创造力为核心的新兴产业,其作为典型的综合性产业,涉及面广,内容丰富,本质是一种"创意经济",核心竞争力就是人自身的创造力。因此,大力发展文化创意产业,有助于企业整合资源、开展创新合作,最终提升企业自身竞争力。

改革开放40年来,我国一直在推动文化产业的发展,上海市委、市政府历来也高度重视发展文化创意产业。为继续推动文化创意产业快速发展,在深度调研、认真研究、广泛征求各方意见,特别是企业意见的基础上,中共上海市委、上海市人民政府于2017年12月制定并发布《关于加快本市文化创意产业创新发展的若干意见》,主张上海聚焦影视、演艺、动漫游戏、网络文化、艺术品交易、出版、创意设计、文化装备等产业板块,分门别类明确产业发展的目标、规划和措施。上海作为早期对外交流城市,在广告等方面具有一定先发优势,但是其文化创意产业起步较晚,导致其产业整体发展水平落后于北京。

因此,为进一步提升上海文化创意产业发展水平,建议政府鼓励相关企业进一步技术创新,鼓励与电子图书、电影周边产品的开发、文艺演出等相关的企业充分利用税收优惠政策,进一步激发产业创造力,从而降低相关企业税负。具体来看,增值税优惠政策方面,要充分利用相关税收优惠政策,进一步激发产业创新、创造活力。例如:①符合条件的文化创意企业技术转让、技术开发和与之相关的技术咨询、技术服务免征增值税。②对属于增值税一般纳税人的动漫企业销售其自主开发生产的动漫软件,按13%的税率征收增值税后,对其增值税实际税负超过3%的部分,实行即征即退政策。此外,为打响"上海服务""上海制造""上海购物""上海文化"四大品牌,支持上海"设计之都""时尚之都""品牌之都"的发展,政府还需要提供更多的财政扶持,推动城市产业升级和城市更新。

4. 充分利用科创中心流转税优惠政策

自2015年开始,上海致力于打造全球科创中心,目标是在2020年形成具有全球影响力的科技创新中心的基本框架体系,在

2030年形成核心功能。上海建设全球科技创新中心,是国家战略的需要,也是上海自身实现创新驱动转型发展的内在要求。至今,上海已经开工建设多个项目,张江综合性国家科学中心的项目有望成为世界之最。据此,为加快建设具有全球影响力的科创中心,上海应顺应"互联网+"、共享经济、人工智能等重大发展机遇,着手构建平台,培育科创生态体系,以充分利用税收优惠。

(1)培育科创生态体系,在最大程度上享受增值税免税政策。上海科创中心多年来致力于科技型中小企业的孵育服务与管理,也是全市科技企业孵化器网络及大学科技园的协调服务机构,同时为全市科技型中小企业提供创新创业服务,为全社会创造科技创业的公共服务环境。上海要建设具有全球影响力的科创中心,需要一批有重大原创性的科技成果,并且要在创新成果产业化上处于领先地位。因此,就需要进一步整合科技资源,创建上海实验室,推进科创中心建设;打造科学仪器科创中心,积极促进科技成果实现产业化。科技成果的创新,离不开优惠税收政策的辅助。因此,在进一步完善上海科创中心生态建设的同时,企业应充分利用现有创新创业的税收优惠政策,以减轻企业负担。

(2)鼓励企业积极创新,切实降低流转税税负。根据第四章中对上海企业税负的计算、第五章中对企业非税负担的测算可知,上海企业承担的税费负担偏重。因此,为进一步降低企业的税收负担,从科创中心建设的角度,我们建议上海应大力支持传统行业创新转型升级,充分享受与科创有关的税收优惠政策,直接降低税收负担。上海要建设具有全球影响力的科技创新中心,必须牢牢把握世界科技进步大方向、全球产业变革大趋势、集聚人才大举措,鼓励企业创新,以充分利用国家给予的创新创业方面相关的流转税优惠政策,为初创企业(科技型初创企业)减轻税负。具体有关企业创新创业的流转税优惠政策如表 6-3 所示。

表 6-3 创新创业流转税优惠政策

领 域	具体内容
科技企业孵化器（含众创空间）	自 2016 年 5 月 1 日起，对科技企业孵化器（含众创空间）向孵化企业出租场地、房屋以及提供孵化服务的收入，免征增值税
国家大学科技园	自 2016 年 5 月 1 日起，对国家大学科技园向孵化企业出租场地、房屋以及提供孵化服务的收入，免征增值税
重大技术装备进口	自 2020 年 1 月 8 日起，符合规定条件的企业及核电项目业主为生产国家支持发展的重大技术装备或产品而确有必要进口的部分关键零配件及原材料，即根据《国家支持发展的重大技术装备和产品目录》和《重大技术装备和产品进口关键零部件及原材料商品目录》列示目录，免征关税和进口环节增值税
内资研发机构、外资研发中心	2019 年 1 月 1 日—2020 年 12 月 31 日，继续对内资研发机构和外资研发中心采购国产设备全额退还增值税
科学研究机构、技术开发机构、学校等	2016 年 1 月 1 日—2020 年 12 月 31 日，对科学研究机构、技术开发机构、学校等单位进口国内不能生产或者性能不能满足需要的科学研究、科技开发和教学用品，免征进口关税和进口环节增值税、消费税；对出版物进口单位为科研院所、学校进口用于科研、教学的图书、资料等，免征进口环节增值税

如表 6-3 所示，国家主要针对上海科技企业孵化器（包含众创空间）、国家大学科技园、内资外资研发机构、技术开发机构等方面制定了有关创新创业的增值税优惠政策。基于此，除了企业应充分利用国家税收优惠，政府还应加大力度深化科创中心的建设。①集中力量建设张江综合性国家科学中心，具体包括筹建国家实验室、建设世界一流的大科学设施群、培育和发展一批高水平研发机构等。②加快推进共性技术研发与转化功能型平台建设。建议政府通过构建技术研发与转化平台，有效整合创新资源，进而推动产业关键共性技术加快突破，实现科技成果的转化。③在全社会大力推动大众创业、万众创新。上海科创中心的建设，重点是引导

和支持社会力量建设众创空间,为创新创业者提供低成本、便利化、开放式的综合服务;创新人才培养、引进、使用和评价激励机制,从住房、社保等多方面不断巩固和提升上海的人才制度优势,从而激发大众创业、万众创新的活力。

二、强化企业科研创新能力,降低企业所得税税负

随着《制造业规划》的实施,上海制造业通过技术创新有效地降低人工和能源等成本以实现"中国智造"目标。为了降低企业税费负担、激励企业发展,上海需要进一步提升自主创新能力,致力于先进制造核心技术的研发,并提高产品的质量及可靠性等技术指标,改变在价值链低端徘徊的局面。据此,建议上海充分利用企业所得税税收优惠优势,辅导企业用好用足相关优惠政策,包括加速折旧、研发费用加计扣除等,直接降低企业经营成本,以提高整体竞争优势,形成特色产业集群。主要的所得税优惠政策如表6-4所示。

表6-4 激励企业技术转型、创新的企业所得税优惠政策精要

领域	税收优惠政策内容
环保节能	对企业从事公共污水处理、公共垃圾处理、沼气综合开发利用、节能减排技术改造等符合条件的环境保护、节能节水项目,自项目取得第一笔生产经营收入所属纳税年度起,第1年至第3年免征企业所得税,第4年至第6年减半征收企业所得税
节能环保设备	对企业购置并实际使用规定的环境保护、节能节水、安全生产等专用设备的,该专用设备的投资额的10%可以从企业当年的应纳税额中抵免;当年不足抵免的,可以在以后5个纳税年度内结转抵免
研发费用	对企业为开发新技术、新产品、新工艺发生的研究开发费用,未形成无形资产计入当期损益的,在按照税法规定据实扣除的基础上,按照研究开发费用的50%加计扣除;形成无形资产的,按照无形资产成本的150%摊销

(续表)

领域	税收优惠政策内容
技术转让	对企业提供技术转让、技术开发和与之相关的技术咨询、技术服务免征增值税。对企业在一个纳税年度内符合条件的技术转让所得不超过500万元的部分,免征企业所得税;超过500万元的部分,减半征收企业所得税
固定资产加速折旧①	一是全部制造业领域的企业在2014年1月1日后新购进的固定资产,可缩短折旧年限或采取加速折旧的方法。二是符合条件的制造业小型微利企业在2014年1月1日后新购进的研发和生产经营共用的仪器、设备,单位价值不超过100万元的,允许一次性计入当期成本费用,在计算应纳税所得额时扣除;单位价值超过100万元的,可缩短折旧年限或采取加速折旧的方法。另外,财税〔2018〕54号文规定,企业在2018年1月1日—2020年12月31日新购进的设备、器具,单位价值不超过500万元的,允许一次性计入当期成本费用,在计算应纳税所得额时扣除,不再分年度计算折旧

1. 鼓励传统制造业多层次技术创新,降低所得税税负

降低现代制造业所得税税负,促进产业稳定发展,必须注重支持中小企业的创新发展。中小企业技术创新因存在风险、资金和外部性等制约因素而导致供给不足,单靠市场机制并不能增加市场供给,需要借助税收优惠政策鼓励企业技术创新。因此,建议政府相关部门进一步激励企业充分利用企业所得税有关企业技术创新、技术转让的减免税优惠措施,加大中小企业在研发方面的投入,以在最大程度上扩大加计扣除的范围。

在此基础上,为更好地实施《国家中长期科学和技术发展规划纲要(2006—2020年)》,营造激励自主创新的环境,建议上海市政府进一步落实和鼓励相关先进制造业、创新企业、高科技企业等进行技术创新,如实施150%研发费用加计扣除政策;在企业所得税税收政策方面,对先进制造企业购买专利权和非专利技术等无形

---

① 《财政部 税务总局关于扩大固定资产加速折旧优惠政策适用范围的公告》(财政部、税务总局公告2019年第66号)。

资产,在企业所得税中准予快速摊销,对于上述技术所对应的固定资产,准许加速折旧等(详见表6-4)。基于此,上海市政府应继续提高研发投入在税前加计扣除比例来降低企业税负。进一步地,将企业所得税优惠政策红利扩大到非科技型中小企业,以实现企业整体降税。

2. 激励产业多元化发展,降低所得税税负

发展先进制造业是上海创新驱动发展、经济转型升级的重要内容。尽管近年来上海先进制造业取得了较快的发展,但作为后发竞争者,它相对于发达国家和地区仍然存在较大的距离,还有很大的成长空间。因此,上海市财税部门应进一步与企业沟通,引导企业转型升级,充分享受企业所得税优惠政策。

2020年8月4日,《国务院关于印发新时期促进集成电路产业和软件产业高质量发展若干政策的通知》(国发〔2020〕8号,以下简称《通知》)发布。《通知》从财税、投融资、研发、进出口、人才、知识产权、市场应用、国际合作等八个方面,给予集成电路和软件产业40条支持政策,力度前所未有。上海在这一领域已经具备了一定优势,接下来要积极推进集成电路全产业链升级,力求企业达到《通知》中的技术标准,不仅激励创新,而且降低企业的税费负担。

如表6-5所示为笔者精选的与先进制造业相关的企业所得税优惠政策,涵盖软件、集成电路产业、技术先进型服务企业、创业投资企业,以及相关的小微企业。今后,上海市相关部门要对企业精准扶持,大力发展先进制造业、生产性服务业,充分利用企业所得税税收优惠政策,进一步减轻企业税费负担。

3. 企业所得税优惠助力科创中心建设

事实上,支持自主创新、创业就业的税收优惠政策有很多,包

表 6-5 先进制造业相关的企业所得税优惠政策精要

领域	税收优惠政策内容
集成电路	集成电路生产企业的生产设备,其折旧年限可以适当缩短,最短可为 3 年
集成电路	国家鼓励的集成电路线宽小于 28 纳米(含),且经营期在 15 年以上的集成电路生产企业或项目,第 1 年至第 10 年免征所得税。线宽小于 65 纳米(含)且经营期在 15 年以上,第 1 年至第 5 年免征企业所得税,第 6 年至第 10 年按照 25% 的法定税率减半征收企业所得税①
集成电路设计、装备、材料、封装、测试和软件企业	自获利年度起,第 1 年至第 2 年免征所得税,第 3 年至第 5 年按照 25% 法定税率减半征收企业所得税(12.5%)
集成电路设计企业和软件企业	国家鼓励的重点集成电路设计企业和软件企业,自获利年度起,第 1 年至第 5 年免征企业所得税,接续年度减按 10% 的税率征收企业所得税
软件、高新技术企业	对经认定属于新办软件生产企业同时又是国务院批准的高新技术产业开发区内的新办高新技术企业,可以享受新办软件生产企业的减免税优惠。在减税期间,按照 15% 税率减半计算征收企业所得税(7.5%);减免税期满后,按照 15% 税率计征企业所得税
软件企业	企业外购的软件,凡符合固定资产或无形资产确认条件的,可以按照固定资产或无形资产进行核算,其折旧或摊销年限可以适当缩短,最短可为 2 年
技术先进型服务企业	对经认定的技术先进型服务企业,减按 15% 的税率征收企业所得税
创业投资	对创业投资企业采取股权投资方式投资于未上市的中小高新技术企业 2 年以上的,可以按照其投资额的 70% 在股权持有满 2 年的当年抵扣该创业投资企业的应纳税所得额;当年不足抵扣的,可以在以后纳税年度结转抵扣
小微企业	2019 年 1 月 1 日—2021 年 12 月 31 日,对小型微利企业年应纳税所得额不超过 100 万元的部分,减按 25% 计入应纳税所得额,按 20% 的税率缴纳企业所得税;对年应纳税所得额超过 100 万元但不超过 300 万元的部分,减按 50% 计入应纳税所得额,按 20% 的税率缴纳企业所得税②

---

① 《国务院关于印发新时期促进集成电路产业和软件产业高质量发展若干政策的通知》(国发〔2020〕8 号)。
② 资料来源:《财政部 税务总局关于实施小微企业普惠性税收减免政策的通知》(财税〔2019〕13 号)。

含企业初创期、企业成长期、企业成熟期以及创业就业平台等方面,覆盖企业发展的整个生命周期。

(1) 企业所得税优惠缓解初创企业融资难。天使投资个人采取股权投资方式直接投资于初创科技型企业满2年的,可以按照投资额的70%抵扣转让该初创科技型企业股权取得的应纳税所得额;当期不足抵扣的,可以在以后取得转让该初创科技型企业股权的应纳税所得额时结转抵扣。

(2) 科创税收优惠为高校研发"加速度"。根据财政部、商务部、税务总局发布的《关于继续执行研发机构采购设备增值税政策的公告》(财政部公告2019年第91号),为了鼓励科学研究和技术开发,促进科学进步,继续对内资研发机构和外资研发中心采购国产设备全额退还增值税,并规定具体退税管理办法由税务总局会同财政部指定。为落实91号公告,便于研发机构办理采购国产设备退税,2020年3月,《国家税务总局关于发布〈研发机构采购国产设备增值税退税管理办法〉的公告》(国家税务总局公告2020年第6号)发布,详细指导研发机构采购国产设备退税的备案、审核、核准及后续管理工作。财税部门不断推出的优惠政策极大地鼓励了技术研发,显著促进了国产设备的技术水平的提高。

三、深化自贸区建设,积极争取免税优惠

上海自由贸易试验区(以下简称"上海自贸区")是区域性自由贸易园区,于2013年正式挂牌成立。同时,上海正按中央部署筹划建立自由贸易港。国务院于2017年3月印发《全面深化中国(上海)自由贸易试验区改革开放方案》(以下简称《自贸区改革方案》),提出了自由贸易港区建设初步方案,即在洋山保税港区和浦

东机场综合保税区等设立高水平自由贸易港区,对标国际上具有代表性的自贸区、自贸港,实施新的监管政策和体制机制。2017年10月19日,习近平总书记在党的十九大报告中也提出,要赋予自由贸易试验区更大的改革自主权,探索建设自由贸易港。

(一) 引领全国自贸区建设,充分发挥制度创新优势

自2013年9月上海自由贸易试验区挂牌成立至2019年8月上海自贸区临港新片区批准成立,上海陆续建设了6个自贸区片区,分别是外高桥保税区、张江高科技园区、陆家嘴金融贸易区、金桥出口加工区和世博片区、临港新片区(以下简称"片区"),运营范围从最初的28.78 km^2 扩展到240.22 km^2。上海自贸区成立至今,从初期探索前行到深化改革,一批制度创新成果不断推向全国,激发了市场活力,促进了上海发展能级的提升。

上海自贸区呈现"六区三港"①的格局,在政府职能转变、金融制度、贸易服务、外商投资和税收政策等多方面采取改革措施。《2018年上海市政府工作报告》显示,近几年来上海自贸区100多项制度创新成果在全国复制推广,新设企业5.2万家,超过自贸试验区成立前20多年的总和。截至2020年6月底,上海自贸区累计新设外资企业1.2万户,占浦东新区新设外资企业的77%,实际到账外资371亿美元;进出口总值持续增长,占上海比重超过40%②。

自上海自贸区成立以来,在投资贸易便利化、金融制度创新、事中事后监管等制度创新方面取得了显著成效,因而国家给予的税收优惠政策并不多。由于成立时间不同,国家给予上海自贸区

---

① "六区"为上文提到的6个片区,"三港"则分别为外高桥港、洋山港、浦东空港。
② 聚焦:上海自贸区七周年:潮起长江口,再逐新高地[EB/OL].澎湃新闻,2020-09-30. https://m.thepaper.cn/newsDetail_forward_9420985.

五个老片区和临港新片区的税收优惠政策有所区别。以下分别说明和分析五个老片区的税收优惠政策,如表6-6所示。

表6-6 上海自贸区五个老片区税收优惠政策概要

目标	领域	具体税收优惠政策内容
促进投资(分期缴纳所得税)	资产评估增值分期缴纳所得税	注册在试验区内的企业或个人股东,因非货币性资产对外投资等资产重组行为而产生的资产评估增值部分,可在不超过5年期限内,分期缴纳所得税
促进贸易(出口退税、进口环节免税)	融资租赁出口退税	在上海自贸区内注册的融资租赁企业或金融租赁公司在上海自贸区内设立的项目子公司纳入融资租赁出口退税试点范围
	国际服务出口退税	提供国际运输、研发、设计、软件以及离岸服务外包等服务适用增值税零税率,可享受出口退税政策
	启运港出口退税	对符合条件的出口企业从启运港启运报关出口,由符合条件的运输企业承运,从水路转关直航或经停指定口岸,自境地口岸离境的集装箱货物,实行启运港退税政策
	融资租赁进口免征增值税	对项目子公司经批准从境外购买空载重量25吨以上并租赁给国内航空公司使用的飞机,免进口环节增值税
	符合条件的进口机器、设备免税	对试验区内生产企业和生产性服务业企业进口所需的机器、设备等货物予以免税
	符合条件的服务免税	销售或提供符合条件的建筑、仓储、有形动产租赁、保险、电信、鉴证咨询等服务可享受免税政策

总体来看,上海自贸区税收优惠有限,尤其在所得税和增值税方面,并未充分体现吸引流通、加工、制造、服务和贸易资源集聚的自贸区基本功能,需要进一步扩大出口退税和免税政策的适用范围。对标世界一流的自贸区,如新加坡、迪拜等,上海自贸区在营商环境、运营成本、税收优惠等方面还有不少差距。因此,建议上

海自贸区适度放开准入门槛,准允更多企业进入,同时进一步争取更多的税收优惠政策,以提高自贸区竞争力,减轻企业税费负担,吸引更多企业进入自贸区经营。

(二)加大临港新片区的税收政策支持力度

2019年8月—2020年8月,临港新片区签约项目358个,涉及总投资2 713.63亿元。新增注册企业15 115户,同比增长70%,注册资本金超过2 000亿元,同比增长313%。在全球新冠肺炎疫情仍在蔓延的情况下,上海自贸区成为全球瞩目的投资热土。国家对临港新片区寄予厚望,自2019年挂牌成立以来,陆续给予了多项税收政策支持。

表6-7 临港新片区税收政策一览表

税收政策	具体内容
服务出口增值税	扩大新片区服务出口增值税政策适用范围,研究适应境外投资和离岸业务发展的新片区税收政策
企业所得税	对新片区内符合条件的从事集成电路、人工智能、生物医药、民用航空等关键领域核心环节生产研发的企业,自设立之日起5年内减按15%税率征收企业所得税
企业所得税	对符合条件的集成电路生产、设计和软件企业,按照国家规定,予以享受"两免三减半""五免五减半"等企业所得税优惠政策
个人所得税	对在新片区工作的境外高端、紧缺人才个人所得税税负差额部分给予补贴
其他税收政策	对境外进入物理围网区域内的货物、物理围网区域内企业之间的货物交易和服务,实行特殊的税收政策
其他税收政策	在不导致税基侵蚀和利润转移的前提下,探索试点自由贸易账户的税收政策安排

整体来看,此次税收方案主要涉及区域内将实施的特殊的税制安排,突出高新技术产业的税收制度创新等,提出了较多税收优

惠,这为激励企业发展提供了较大的空间。

据此,为提升竞争力,对标国际最高水平自贸区,建议上海自贸区可积极申请促进贸易的税制改革试点,如税收饶让、加速折旧、税收豁免、税额扣除、投资抵免、亏损弥补等,切实降低企业税负,增强企业的国际竞争力,有效振兴实体经济。

世界各国(地区)的自贸区(港)都会通过各种税收优惠政策吸引投资,激励企业发展。因此,自贸区的税收制度框架、政策体系和优惠力度等对于促进自贸区发展十分重要。尤其 2020 年新冠肺炎疫情在全球爆发和蔓延,以及国际国内双循环的趋势已定,上海自贸区对于浦东未来 30 年的发展,对于上海建立全球金融中心、科创中心、航运中心等的重要性更为突出。因此,创新、优化自贸区税收政策,是实现浦东新区 GDP 倍增计划的关键一环。具体建议如下。

(1) 整合新老片区的税收优惠政策。《中共上海市委、上海市人民政府关于促进中国(上海)自由贸易试验区临港新片区高质量发展实施特殊支持政策的若干意见》指出,对新片区内符合条件从事集成电路、人工智能、生物医药、民用航空等关键领域核心环节生产研发的企业,自设立之日起 5 年内减按 15% 税率征收企业所得税;对符合条件的集成电路生产、设计和软件企业,按照国家规定,予以享受"两免三减半""五免五减半"等企业所得税优惠政策。相应地,已有的五个老片区也各自存在自己的优势产业,如张江的生物医药产业,外高桥的融资租赁、总部经济,金桥的人工智能产业,陆家嘴的金融保险业,世博片区的文化创意产业等。建议实施错位优势发展,统一新旧片区企业的所得税优惠政策。

(2) 个人所得税实际税负不超过 15% 的政策尽快实施。参照世界典型自贸区(港),如迪拜自贸区免征个人所得税,香港自贸港、新加坡自贸港超额累进税制最高税率分别为15%和20%,临港新片区提出应考虑推行境外人才所得税税负差额补贴政策,更好地吸引人才。建议尽快面向国内外的高端人才,实施临港新片区的个人所得税实际税负不超过15%的政策。

(3)出台促进离岸业务发展的税收政策。①制定离岸贸易税收激励政策。加强有利于离岸经济建设的特殊税收政策制度供给,如制定降低离岸贸易企业所得税税率、取消印花税等税收激励政策,以此吸引全球跨国企业包括国内跨国企业到新片区设立投资、结算、运营总部,进一步推进离岸企业落地,支持和鼓励其发展对标国际标准的离岸金融和贸易业务。②创新离岸金融税收制度。在税制模式上,可考虑采用混合型离岸金融税制模式,以中国香港地区为代表,该模式下离岸金融与在岸金融业务能够互通互融、相互转换。混合型离岸金融税制需要完善的市场监管体系和成熟的金融法律制度作为支撑。在税种选择上,建议参照国际惯例,在临港新片区内试点只征收以所得税为主的直接税,免征各类流转税。在税率形式上,建议采用弹性的差别比例税率,对不同类型的离岸金融业务给予不同程度的税收优惠政策,以便利用税收杠杆合理调控新片区内离岸金融市场。以新加坡为例,对于普通离岸金融公司适用15%~17%的所得税税率,对于总部或地区总部设在自贸区内的离岸金融公司则可适用10%~15%的所得税税率。

第三节 多层次优化营商环境,进一步清费降费

对于上海而言,有效降低企业成本负担,保持相对合理的商务运行成本,是上海优化营商环境的重要组成部分,对于上海积极培

育新的经济增长点,积极参与全球合作竞争,推动经济实现高质量发展至关重要。只有"清费降费"与"减税"联动,才能切实为企业减负。对于"清费降费"而言,应全面推开涉企收费公示制,各级地方政府积极开展对外公布涉企收费清单的工作。国家发改委等部门已经对清理规范涉企经营服务性收费进行部署,对以企业为缴费主体的各类经营服务性收费进行清理规范,重点是行政审批前置中介服务收费,以及行业协会商会收费。

2018年政府工作报告也对大幅降低企业非税负担做了政策性指引:"进一步清理规范行政事业性收费,调低部分政府性基金征收标准。继续阶段性降低企业'五险一金'缴费比例。降低电网环节收费和输配电价格,一般工商业电价平均降低10%。深化收费公路制度改革,降低过路过桥费用。加大中介服务收费清理整顿力度。全年要为市场主体减轻非税负担3000多亿元,不合理的坚决取消,过高的坚决降下来,让企业轻装上阵、聚力发展。"以上具体措施的全面施行,都将为企业进一步清费降费,优化营商环境。

因此,笔者针对上文对涉企收费提出的问题及挑战,提出进一步清费降费、积极申请试点社保税等政策建议,为上海乃至全国进一步为企业实现"降费"提供参考。

一、信息透明度趋于稳定,仍有提升的空间

党的十八大以来,上海积极贯彻落实《预算法》中关于预决算公开的相关规定和中共中央办公厅、国务院办公厅印发的《关于进一步推进预算公开工作的意见》的相关规定,积极推进财政信息公开工作。上海历年财政透明度得分及排名情况如图6-2所

示①。上海财政透明度得分虽略有波动,但大致呈现上升趋势;省际排名情况较为稳定,2017年上海全国排名第10,仍然有进一步透明的空间。

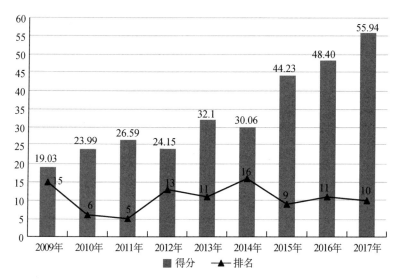

图6-2　上海历年财政透明度情况

值得肯定的是,2016年开始,上海就建立了"行政事业性收费与政府性基金目录清单"专栏以提高收费规则透明度,有利于社会监督,能有效制止各种乱收费现象。上海的目标一直都是成为"行政效率最高、行政透明度最高、行政收费最少的地区之一"。虽然在税费结构优化进程中,上海走在了前列,非税收入占比全国最低,但仍然有进一步减并的空间。为持续优化营商环境,上海还应结合自贸区、自贸港的建设,进一步为企业减负。

---

① 根据《中国财政透明度报告》(2009—2017年)整理所得。

二、厘清市区两级收费项目,持续减并降费

一直以来,上海着力推进优化营商环境工作,在降低收费成本方面仍有较大潜力,建议政府进一步减费征收,统筹、规范各类税外收费,以减轻企业负担。

1. 统筹税费关系,进一步清理各类收费、基金

自2008年上海建立行政事业性收费常态化清理机制以来,截至2018年年底,累计取消收费项目200多项,取消相关收费的明细子项目逾100项,实施上述行政事业性收费清理措施,每年可减轻企业和社会负担超过50亿元。2017年,上海持续深化清理,出台行政事业性收费和政府性基金减负措施,年降费规模约95亿元,加上社保降费80亿元,全年新增降费规模约175亿元。其中,上海结合自身实际情况自主出台实施的一系列降费措施年减负规模约46亿元,包括制度性降低上海医保费率0.5个百分点、取消内河货物港务费等5项收费项目,以及将本市残疾人就业保障金计费比例由1.6%下调至国家规定的费率下限1.5%[1]。

因此,总体来看,一方面,需要清理、降低政府性收费、基金。继续降低社会保障缴费率、教育费附加等非税项目,减轻企业负担。清理、规范政府性基金、收费,适时取消残疾人就业保障金、水利建设基金等基金、收费。另一方面,还需要清理规范社团、中介服务项目和收费,取消或降低部分涉企经营服务性收费。在普惠性降费方面,上海应继续减免向企业普遍征收的城市公用事

---

[1] 本市积极推进落实减税降费不断优化营商环境[EB/OL].上海市财政局,2017年12月22日. https://www.czj.sh.gov.cn/zys_8908/xwzx_8909/czyw/201712/t20171222_176711.shtml.

业附加、河道管理费、教育费附加等项目。在涉及特定领域或企业对象的降费方面,市财政局在促进特定行业健康发展的要求下,主要减免了房地产交易手续费、药品检验费、环境监测服务费等项目。

2. 进一步规范涉企非税收费项目,降低企业成本

全国人大及其常委会应当继续加强对国务院减税降费工作的监督和引导,可考虑通过有计划的税收立法,将适合以税收形式征缴的收费项目、基金项目改为有法可依的税收项目,将某些收费项目适当并入税改方案统筹实施。同时在构建财税体制框架中,通过"费改税"健全税收体系,保证各级政府财源稳固,降低各级政府因收入不足而自行增加地方性企业收费项目的可能性。

当前,上海教育发展水平居全国前列,在教育经费投入支出等方面也较为成熟。因此,建议降低附加税收费比例,并逐渐将教育费用纳入各级政府正常预算,以减轻企业负担,促进经济发展。应将教育费用纳入各级政府正常财政预算,而不是税外增收教育费附加。取消教育费附加和地方教育费附加,能够切实降低企业负担,特别是优惠于制造业企业的发展,有利于促进实体经济发展,进一步培育和扩大税源。

三、简化缴费项目,适度降低社保缴费比例

从各国2016年企业社会保险缴费比例来看,有高福利国家(瑞典、挪威等),也有社会保险型国家(美国、英国、德国、日本等),还有强调以个人缴费责任为主的强制储蓄型国家(新加坡、智利等)。我们以美国社会保障局2016年的数据来观测各国社保项目缴费比例(见表6-8)。

表 6-8　2016 年全球代表性国家及地区企业社会保险缴费比例

单位：%

类型	国家	养老	医疗和生育	失业	工伤	合计
高福利国家	瑞典	16.23	7.45	2.91	0.3	26.89↓
	挪威	14.1	0	0	0	14.1
社会保险型国家	美国	6.2	1.45	0.6	0	8.25
	英国	13.8	1.9	0	0	15.7↑
	德国	9.345	7.3	1.5	1.3	19.445↓
	日本	8.914	5	0.7	0.25～8.9	14.864～23.514
强制储蓄型国家	新加坡	17	0	0	0	17↑
	智利	1.15	0	2.4	0.95	4.5
平均值		10.84	2.89	1.01	1.78	16.52↓
中国		20	1	1	0.75	22.75↓
中国上海		20	11	1	0.2～1.9	32.2～33.9↓

资料来源：U.S. Social Security Administration. Social Security Programs Throughout the World, 2016[R]. SSA Publication No.13-11802, Washington D.C., 2017.

如表 6-8 所示，2016 年，中国企业的社会保险缴费率为 22.75%，同比下降 22.22%，但仍然高于 12 个国家平均企业缴费率的 1.43 倍。据第五章对上海企业社保缴费率的测算可知，上海企业 2016 年社保缴费率在 33%左右，高于全国平均水平，也高于上述代表性国家，企业社会保险缴费水平偏高，企业负担偏重。

值得肯定的是，2015 年以来上海多次调整企业社保缴费比例，为企业减轻负担。然而，企业负担仍然近 32%，高于全国平均水平，有进一步优化的空间。因此，建议政府有关部门深入调查研究，在继续推进现行阶段性降低社保缴费率的基础上，全力推动调整全市社保缴费基数的下限。进一步地降低各社保项目缴费率，简化缴费项目，尽快制定政策措施，及时缓解企业人工成本压力，以降低企业负担。

1. 着眼公平,逐步降低社保最低缴费基数

基于第五章对上海以及全国主要城市企业社保缴费基数、比例的分析(见表5-9)可知,上海相较于其他城市,社保缴费基数、缴费比例均较高。上海2017年社保最低缴费基数为上年度平均工资的60%,为3 902元/月,企业缴费比例约31%。从社保最低缴费基数来看,仅上海、重庆、北京三地处于较高水平,平均月缴费基数均超过3 000元(重庆为3 370元/月,北京为3 082元/月)。其中,上海、重庆以市级上年度平均工资的60%为标准作为最低缴费基数,北京则以40%的比例为标准。目前,我国各地社保缴费基数由各省(区、市)决定,范围在30%～60%。因此,上海在降低社保缴费基数上存在空间,建议在综合考虑市级居民社会保障水平的基础上,通过降低社保最低缴费基数的方式为企业减轻负担。拓宽缴费基数占社会平均工资的比例,考虑将上海社保缴费基数下限与最低工资标准挂钩,将最低工资标准作为社保缴费基数的下限,以更加真实地体现广大职工的收入水平,减轻企业和低收入群体的缴费负担。

2. 降低养老保险费率

养老保险若实现"统账分离",可以降低8%的费率。另外,如果使在职人员按社会平均工资的100%缴费,只要承担15%的费率就可以使退休人员的养老金水平达到社会平均工资的45%,而且制度是长期可持续的。我们还建议在现有的城镇职工基本养老保险制度之外,建立国民养老保险。前者以单位就业人口和中高收入的非单位就业人口为主要保障对象,在降低当前费率的情况下,提高其他条件,参保人尽较高的义务并可获得较高的养老金,即"高进高出",确保中等收入者终生收入平滑;后者以非正规就业

者为主要保障对象,以较低的费率和较低的资格条件参保和退休,政府给予适当补贴,"低进低出",同样确保终生收入相对平滑。以此,在降低企业税负的同时,也使更多人有与自己的就业收入和社保贡献相当的养老金收入。

3. 避免重复缴纳,合并生育保险与基本医疗保险

2016年3月23日,"十三五"规划纲要提出,将生育保险和基本医疗保险合并实施;同年12月19日,全国人大常委会审议相关决定草案,拟授权国务院在河北省邯郸市、山西省晋中市、辽宁省沈阳市、江苏省泰州市、安徽省合肥市、山东省威海市、河南省郑州市、湖南省岳阳市、广东省珠海市、重庆市、四川省内江市、云南省昆明市共12个城市将生育保险基金并入职工基本医疗保险基金征缴和管理。调整之后企业的生育保险和医疗保险缴存总比例将下降1.25个百分点。

生育保险和基本医疗保险在医疗服务项目上有共同之处,特别是在医疗待遇支付上有很大共性。将两项保险合并实施符合社会保险一体化运行的要求,有利于提升社会保险基金互济能力,有利于增强生育保险保障功能,有利于提高行政和经办服务管理效能,降低运行成本,是推进建立更加公平更可持续的社会保障制度的一项改革尝试。因此,建议上海在参考国际标准的基础上,结合各地试点效果将生育保险与基本医疗保险进行合并,进一步为企业降低社保缴费比例,避免重复缴纳。

4. 扩大覆盖面,调整住房公积金比例

公积金创立的初衷是为解决城镇职工住房问题而设立长期储蓄资金,并提供减税优惠。但在经济转型和新型城市化的背景下,大量民营企业、外来务工人员的涌现使得强制性住房储蓄越来越难以推广普及。目前,国有企业事业单位的公积金覆盖面在90%

以上,而民营企业的参缴率不足20%。因此,覆盖面窄、普惠性差使得公积金很难担当住房保障的重任,而且会在制度内与制度外的人之间形成新的收入分配不公。过度的强制性储蓄不仅会增加企业的用工成本,也会成为启动消费扩大内需的障碍。基于此,建议上海市政府阶段性调整住房公积金缴纳比例,逐步扩大参缴的覆盖率。一方面可以降低企业负担,扶持小微企业;另一方面也可以进一步体现公积金的普惠性。

5. 提升补充养老功能,适度调整企业年金比例

企业年金,即企业补充养老保险,是指企业及其职工在依法参加基本养老保险的基础上,依据国家政策和本企业经济状况,建立旨在提高职工退休后生活水平、对国家基本养老保险进行重要补充的一种养老保险形式。企业年金不仅是劳动者退休生活保障的重要补充形式,也是企业调动职工积极性、吸引高素质人才、稳定职工队伍、增强企业竞争力和凝聚力的重要手段。企业与职工缴纳的保险费免予征税,其投资收入也有减免税优惠政策。因此,企业建立企业年金制度,在提高员工福利的同时,也可以充分利用国家有关税收政策,为企业合理降低税收负担。

针对上文第五章提到的当前上海企业年金覆盖率偏低、运营机制不健全等问题,建议政府在完善基本养老体系的基础上,进一步增强企业年金作为补充养老的重要作用,着手加大力度宣传、培训,提升企业年金基金投资收益水平、加强企业年金激励措施、引入企业年金担保机制等。

6. 借鉴国外成熟经验,完善长期护理保险制度

为进一步完善上海长期护理保险(以下简称"长护险")制度,针对试点阶段存在的问题,我们提出相对应的解决措施。上海市政府及有关民政部门,应在借鉴国外成熟经验的基础上,改革长护

险,由重护理转向护理与预防并重。针对部分医疗服务项目供给不足的问题,建议政府出台政策鼓励对护理人员的继续教育,多形式、多渠道、多层次地对其进行培训,进而满足长期护理保险制度对护理人员在数量上、质量上的要求。针对现有居家养老护理人员转型困难问题,建议根据护理人员的实际情况进行分类,有针对性地提升他们的专业技能,在今后的护理工作中因人而异地分配护理任务。针对收费报销中存在的问题,建议各区政府实行跨类型、跨地区的长护险报销结算,在最大程度上实现资源整合。

第四节　积极申请试点社会保险税

社会保险税(以下简称为"社保税")是指将社会保险费由"收费"改成"收税"的形式。开征社保税一方面能够规范我国社会保障资金的筹集,改变资金来源渠道混乱以至于挪用、挤占的现象,有利于国家实行宏观调控,调节、平衡企业之间、个人之间的负担,稳定经济发展,培养个人保障意识,为完善社会保障制度创造良好的主观条件。另一方面,相对于收费方式,社保税可以合并多项社会保险项目,由国家税务部门统一征收,所筹经费可在个人社会保险项目之间调剂使用。

一、 试点社保税的必要性与可行性

(一) 上海试点社保税的必要性

党的十九大报告指出,过去五年来,在民生方面,覆盖城乡居

民的社会保障体系基本建立,人民健康和医疗卫生水平大幅提高,保障性住房建设稳步推进。但为实现社会主义现代化目标,社会保障体系的进一步完善不可或缺。

据统计,目前已经有江苏、浙江、河北①等22个地方税务部门实现了税务机关代征社保费。北京、上海、天津、深圳、山东、四川、广西、江西、山西、贵州、新疆、吉林等地的社保费依然由当地社保部门征收。由于清晰的社保费征收、监管与发放等方面的制度尚未完全建立,随着对征管透明与服务满意度要求的日益提升,现有模式下社保费征收的弊端日益显现,存在总量提升难、范围窄、权责不明确、优势难发挥等诸多问题。同时,由于身份不同导致社保福利差距、区域壁垒导致社会保险转移接续困难,也使得社会保障制度本身背离统筹公平性,甚至已经阻碍了劳动力要素的流动。这些都凸显了社会保险"费改税"改革的必要性。

(二)上海试点社保税的可行性

上海是目前我国老龄化程度最严重的城市之一,社保体系亟待完善,以化解养老、医疗等的压力。上海社保税征管条件基本成熟,税收征管法规以及征管人才等方面的条件已基本上能满足开征的需要。因此,我们建议在上海试点社保税,并将其作为地方税种之一,在进一步完善地方税体系的基础上,将其推广至全国,以夯实我国社会保障制度的基础,实现社保缴费的减并,进而降低企业负担。

首先,截至2017年年底,上海60岁及以上老年人口数量已经达到539.12万,占户籍总人口比例突破30%,老龄化、高龄化趋势

---

① 22个地方税务部门:河北、河南、内蒙古、辽宁、黑龙江、江苏、浙江、安徽、福建、湖北、湖南、广东、海南、重庆、云南、陕西、甘肃、青海、宁夏、宁波、大连、厦门市的地方税务部门。

进一步加重,上海成为目前我国老龄化程度最严重的城市之一。面对未来老龄化高峰严峻形势的预期,职工风险意识普遍增强,迫切需要国家通过社会保障制度为其生存提供基本物质保障。社会保险税的专项返还性特征是纳税人受益的保证,开征社会保险税具有成熟的社会基础。其次,2017年,上海全市居民人均可支配收入为58 988元,扣除价格因素实际增长6.8%,实际增速比上年增加1.3个百分点,居全国之首[①]。随着上海人均收入水平的提高,企业和个人完全有能力负担社保税,而缴纳社保税只是将原来上交的社会保险费改由税收形式缴纳,不会增加企业负担。因此,上海试点社会保险税具有雄厚的经济基础。最后,上海拥有信息化、完备的征管基础。以上都为上海社保税的试点征收奠定了基础。

二、 社保税税率选择与减负测算

建议上海主动申请将目前分散由人事(劳动)、民政、卫生等部门征收的社会保障基金与资金改为统一征收的社保税。社保税应以各类企事业单位、行政单位和职工个人为纳税人。遵循保障公民最低需要原则,现阶段应设置养老保障、失业保障和医疗保障三个基本税目。后期可根据各地工伤保障以及行业属性设定工伤保障等税目。社会保险税由原社会保险费转化而来,其计税依据应确定为纳税人的单位工资总额和职工个人工资收入的总额两部分。鉴于目前我国基本养老保险已实现省级统筹,基本医疗保险、失业保险等多为市县级统筹,"费改税"前,必须实现全项目的省级

---

① 上海市发展和改革委员会《关于上海市2017年国民经济和社会发展计划执行情况与2018年国民经济和社会发展计划草案的报告》(2018年1月29日上海市第十五届人民代表大会第一次会议通过)。

统筹。同时,建议将社保税作为地方税种进行征收,交由省级政府统筹收支,以发挥其调节功能。

(一) 税目与税率选择

1. 税目的选择

目前,我国社会保险的主要项目包括养老社会保险、医疗社会保险、失业保险、工伤保险、生育保险等。但所有这些保险项目是否都应通过社会保险税的方式来筹集其所需资金,在不同国家有不同的做法。针对我国社会保险事业的现状,我国社会保险税的税目在开征之初不宜设置过多。在借鉴其他国家社保税经验的基础上,建议上海应以保障居民基本生活为基础,选择养老保障、医疗与生育保障以及失业保障为社保税税目。

2. 税率的设计

合理的税率设计是建立社会保险筹资良性运营机制的关键,社会保险税税率的形式与税率的高低直接关系到纳税人的税负轻重。社保税税率的确定应综合考虑社会保险基金的支出需要和纳税人的承受能力进行测算,既要满足社会保障支出的需要,又要考虑到目前企业与个人的负担能力,并且不宜与当前社保各项缴费率水平相差过多,以便于制度转换与衔接。从世界各国的操作实践来看,各国社会保险税的税率规定都不尽相同,各国社保税最初开征时总体税率较低,随着税目的拓宽,逐步提高了税率。根据上海目前的经济发展水平和居民收入状况,社保税率也不宜过高,应与当前社保缴费率有一定的衔接和转换。税率的确定应以满足失业、养老和医疗三个项目的基本资金需要为目标,与各区工资水平、劳动投入与产出等因素相挂钩。税率的具体形式建议采用差别比例税率,有利于促进公平与税制简化。

(二) 社保税减负测算

根据第五章的测算结果,上海的上市公司社保缴费率在国内始终位居前列,社保费占上市公司利润总额的比例也偏高。与此同时,与发达国家平均社保税税率10%相较而言,上海也是偏高的。因此,无论是借鉴国际经验还是从企业成本来讲,上海的企业都需要降低社保缴费率。根据纵向公平原则,在对上海人口、工资水平、物价指数、平均寿命、利率等经济社会指标进行宏观测算后,我们针对上海试点社保税进行了税制设计。税目包含三大类,分别为养老保障税、医疗与生育保障税和失业保障税,以工资薪金为计税依据。税率设计有两种方案:方案一参照全球社会保险代表性国家各项社保税项目的平均值;方案二则采用杨俊(2017)测算的我国养老保险最优缴费率10%作为社保税税率,其他医疗保险、失业保险、生育保险、工伤保险等则遵循税费平移原则进行设定。详见表6-9。

表6-9 上海企业试点社保税转化表

社会保险费用		社会保险税			
				税率	
项目	缴费率(%)	税目	计税依据	方案一 代表性国家 平均值	方案二 (中国最优 缴费率)
养老保险	20	养老保障税	工资薪金	10.84	10
医疗保险	9.5	医疗与生育保障税	工资薪金	2.89	10.5
失业保险	0.5	失业保障税	工资薪金	1.01	0.5
生育保险	1				
工伤保险	0.2~1.9				
综合缴费率	31.2~32.9	综合税率		14.74	21
归属	社会保险基金	归属	地方税收收入		

两种方案的主要区别在于医疗与生育保障税税率不同。方案一参考各国社保税税率的平均值,但各国社会保障体系结构不完全一致,而税率的设置需要综合考虑经济发展水平、物价水平、工资增长、预期寿命,以及养老保障与医疗、失业等之间的关系等因素。因此,我们更倾向于方案二以我国为基准测算所得的社保税税率。据此,我们运用上海165家上市公司的相关财务数据,选用方案二的社保税税率对上海试点社保税之后的企业社保负担率进行测算,得出各企业社保负担率的分布情况,具体结果如图6-3所示。

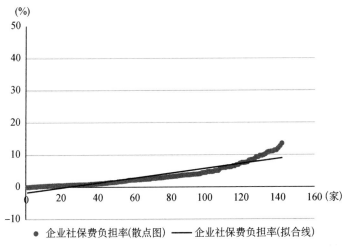

图6-3 上海试点社保税后企业负担率分布情况(方案二)

从图6-3看出,上海165家上市公司在试点社保税之后,社保负担率相对试点前缴纳的社会保险费大幅降低:测算得出,试点后的企业社保负担率维持在0%～15%,相比试点前企业29%左右的社保缴费负担率,企业负担下降了近14%,大幅降低了企业负担。进一步地,我们将测算所得企业社保负担率与综合税负 B 进行加总,测算出上海在试点社保税后的企业税费负担变动(见图 6-4)。

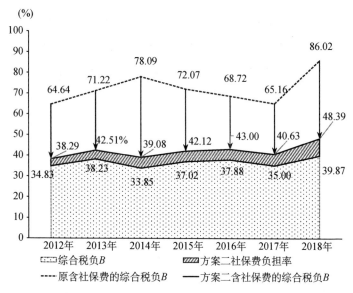

图 6-4 上海上市公司的社保费改为社保税的税费负担前后对比图

如图 6-4 所示为按照方案二社保税税率测算,所得到的企业社保负担率与企业综合税负 B 加总后的企业税费负担前后对比。可以看出,上海试点社会保险税后企业税费负担明显下降。以 2017 年为例,试点前企业税费总额占利润总额之比为 65.16%,试点之后税费负担率则为 40.63%,降幅达 24.53%。与此同时,参照世界银行的税负标准,上海企业的整体税费负担也降至发达国家平均水平,这也有利于上海企业整体竞争力的提升,以进一步优化上海营商环境。

上海社保税的试点一方面有助于建立全国统一的社保制度,

进一步完善我国社保体系的建设,另一方面也将降低企业综合用工成本,最终可降低企业的税费负担。因此,社保税的改革将成为上海深化"降成本"、深化供给侧改革、进一步优化营商环境、推动企业减税降费过程中的新着力点。

三、 社保税试点衔接问题解决方案

社保由地税部门统一征收的改革模式符合我国的基本国情,这主要是基于现行社会保障管理体制滞后、征缴管理权责交叉、费基控管难以到位、参保人合法权益难以落实等原因的一种理性改革。以此为契机,亟须解决系列配套问题、出台系列保障措施、促进形成社会共识,以解决社保税试点衔接问题,促进社会保障基金筹措机制的逐步完善以及社会保障体系的健康有序发展。

(1) 健全社会保障基金的筹资体系。短时期内,社会保险资金的供需矛盾将不可避免,仅靠社会保险税所筹集的资金可能无法满足社会保险资金支出的需要,也难以消化社会保障体制改革中的转制成本,因而必须拓宽社会保险筹资渠道。

(2) 专款专用,建立严格的监管制度。建立起完善的财务管理制度,全部收入按现行财政体制上缴各级财政部门,全部收支由财政部门办理下拨,通过法定财政预算程序拨付给社保经办机构。同时进行社会保障基金的市场化改革,提高资金的保值增值能力。

附 录

附录1 税负异常之案例分析——界龙实业

为了使研究结果更具说服力,我们以综合税负 B 出现1 738.93%的界龙实业为例,进一步分析,力求找到出现极端值的原因所在。

界龙实业(股票代码600836)是一家注册地和办公地都在上海浦东新区的企业,该企业以包装印刷为主业,同时涉及房地产、金属制品、食品和商贸等行业,名列上海工业集团营业收入前50强。同时,界龙实业拥有16项软件著作权,100多项专利授权,一直以技术创新带动产业迅猛发展,2013年获得中国印刷(综合)百强第6位的荣誉。如此实力雄厚的企业出现了什么问题才导致其2013年的综合税负 B 达到304.60%,2016年的综合税负 B 达到1 738.93%,所得税税负高至476.89%(见附录表1-1)?

附录表1-1 界龙实业2010—2016年税负情况表

年份	流转税税负(%)	综合税负 A (%)	综合税负 B (%)	所得税税负(%)	总税负(现金流量表,%)
2010年	3.08	4.39	160.34	47.78	7.42
2011年	1.30	2.19	151.68	61.40	8.55

(续表)

年份	流转税税负(%)	综合税负A(%)	综合税负B(%)	所得税税负(%)	总税负(现金流量表,%)
2012年	1.20	2.10	132.02	56.64	6.62
2013年	4.02	4.77	304.59	47.77	7.27
2014年	2.88	4.40	144.90	50.04	4.18
2015年	3.17	4.81	142.27	48.33	7.61
2016年	2.69	3.70	1 738.93	476.89	7.88

根据附录表1-1我们不难发现,流转税税负、综合税负A以及总税负均处于低税负等级,但综合税负B和所得税税负始终偏高。2010—2016年,综合税负B均高于100%,2016年甚至高达1 738.93%;所得税税负均高于40%,2016年达到476.89%,这与我国25%的所得税税率相差甚远。我们初步推测,出现该现象的原因是税负计算方式的差异。综合税负B和所得税税负的计算采用世界银行的测算方法,将利润总额作为分母,而流转税税负、综合税负A和总税负的计算则采用我国通用的计算方法,即将营业收入作为分母进行计算。

自2016年起引起热议的"死亡税率"便是采用前者的测算方法作为衡量税负的标准;有学者提出,综合税负B的算法不符合我国的基本国情,该差异将导致算出来的税负不具可比性。但我们认为在其他情况相对稳定时,企业生产经营中实际支付的各项税收总额应与企业的实际经营收益即利润总额相比,因而在一定程度上,综合税负B对我们进一步分析企业的税负问题是有帮助的。

我们把影响问题的关键,即界龙实业的营业收入和利润总额提取出来,并绘制趋势图(见附录图1-1)。

附录图 1-1 界龙实业 2010—2016 年营业收入和利润总额情况

如附录图 1-1 所示,界龙实业的营业收入于 2011—2014 年呈上涨趋势,2015 年下降,随即 2016 年开始回升。整体上,营业收入趋势相对利润总额来说处于巨大的优势地位,这也不难解释:我们测算税负将分母由营业收入换为利润总额时出现税负呈数十倍扩大的情况。我们从附录图 1-1 中可以看到,该企业利润总额的折线一直在图的底部进行幅度不大的波动,最高为 6 028.53 万元,最低出现在 2016 年,为 368.79 万元,也是我们综合税负 B 和所得税税负出现极端值的年份。因此,我们推断,综合税负 B 和所得税税负出现异常值是税负测算方式不同所致。

进一步分析营业收入和利润总额逐年变动情况,我们计算出界龙实业营业收入和利润总额变动情况(见附录表 1-2)。

附录表 1-2 界龙实业营业收入和利润总额变动情况

	2010 年	2011 年	2012 年	2013 年	2014 年	2015 年	2016 年
营业收入(万元)	149 398	116 219	148 917	191 734	198 474	154 292	173 309
利润总额(万元)	4 092.18	1 676.59	2 372.07	3 004.62	6 028.53	5 212.57	368.79
营业收入变动比例(%)		−22.21	28.14	28.75	3.52	−22.26	12.33
利润总额变动比例(%)		−59.03	41.48	26.67	100.64	−13.54	−92.92

从附录表 1-2 中的变动比例可以看出,界龙实业的营业收入和利润总额年变动均不稳定,整体上呈随机波动。利润总额的变动比例 2014 年高达 100.64%,2016 年低至 -92.92%;营业收入的变动比例相对稳定,在正负 30% 范围内波动。这表明界龙实业的营业成本过高且没有一定的变化规律,这很有可能是经营管理不善所致。我们可以将界龙实业看作该行业乃至我国上市公司的一个缩影,我们建议将重点放在加强内部管理控制上,降低营业成本,提高利润总额,从而降低税负。

附录 2　企业社保费测算
——以美邦服饰和东方航空为例

2016 年以来,企业普遍反映税费负担沉重。因此,我们从 147 家企业中选择两家为代表进行研究,一家是第二产业的民营企业美邦服饰,另一家是第三产业的国有企业东方航空。

一、以民营企业美邦为例

美邦服饰(股票代码 002269)于 2008 年上市,主营服装制造加工,以及服装、鞋、针纺织品、皮革制品、羽绒制品、箱包、玩具、饰品、工艺品、木制品、电子设备、五金交电、礼品、建筑材料、纸制品、日用百货、钟表眼镜、化妆品、电子产品、家用电器、文具体育用品的销售,从事货物及技术的进出口业务,附设分支机构,是迄今为止在内地上市的规模最大、品牌影响力最深远的休闲服零售龙头企业,营销网络遍布全国除港澳台地区外的所有省、市和自治区,是国内休闲服行业的优势企业。因此,我们选择它作为民营制造业的代表进行分析。

附录表2-1 美邦服饰(002269)有关收入成本及社保费用的情况

项目	序号及计算方式	2013年	2014年	2015年	2016年
营业收入(亿元)	(1)	78.90	66.21	62.95	65.19
营业成本(亿元)	(2)	73.68	64.66	64.45	69.34
营业利润(亿元)	(3)=(2)-(1)	5.22	1.54	-1.50	-4.15
利润总额(亿元)	(4)	4.87	2.46	-1.32	1.63
所得税费用(亿元)	(5)	0.82	1.01	3.00	1.27
税金及附加(亿元)	(6)	0.62	0.58	0.51	0.47
短期薪酬(亿元)	(7)	6.93	6.43	7.11	7.79
社保费用(不含公积金)(亿元)	(8)	1.25	1.21	1.37	1.58
短期薪酬/营业利润(%)	(9)=(7)/(3)	132.88	416.94	-474.05	-187.93
短期薪酬/利润总额(%)	(10)=(7)/(4)	142.30	261.38	-538.64	477.91
社保费用/短期薪酬(%)	(11)=(8)/(7)	17.96	18.81	19.31	20.32
社保费用/营业利润(%)	(12)=(8)/(3)	23.87	78.41	-91.56	-38.19
社保费用/利润总额(%)	(13)=(8)/(4)	25.67	49.19	-103.79	96.93
综合税负B ($taxB$,%)	(14)=[(5)+(6)]/(4)	29.57	64.63	-265.91	106.75
综合税负B(含社保费,%)	(15)=[(5)+(6)+(8)]/(4)	55.24	113.82	-369.70	203.68

注:① 营业利润=营业收入-营业成本,利润总额为合并利润表中的"利润总额"科目。
② 短期薪酬为财务报表附注中"应付职工薪酬"下的"短期薪酬"项目下的"工资、奖金、津贴和补贴"。
③ 数据来源于美邦服饰年报。

附录表 2-1 反映了 2013—2016 年美邦服饰总收入和总成本的情况。可以看出随着其他服饰品牌的崛起,美邦的优势渐渐消失,其营业收入开始下降,2016 年稍有回升。短期薪酬从 2014 年开始呈增长趋势,2014—2016 年平均增长率为 9.6%。可见,美邦近些年在职工薪酬福利方面投入较大。在用工成本的具体构成中,社保费用与短期薪酬变化一致,除 2013 年和 2014 年以外,均呈增长趋势。社保费用与应付职工短期薪酬之比,体现了用工成本中的制度性交易成本。

在附录表 2-1 中,2013—2016 年美邦的社保费用与短期薪酬之比均呈增长趋势,平均增长率为 4.55%。2014—2016 年,社保费用占营业利润的比重是比较高的,尤其是 2014 年,高达 78.41%;2015 年和 2016 年营业利润为负,因而社保费用占营业利润的比重也为负。世界银行采用利润总额测算企业税负,因而我们也测算了社保费用在利润总额中的占比,可以发现 2013—2016 年占比越来越大。2015 年,美邦在亏损一个多亿的情况下依旧缴纳了 1.37 亿的社保费;2016 年,社保费用占利润总额的比例高达 96.93%,对企业来说,可以说是非常重的负担了。根据世界银行计算企业税费负担的方法,我们计算了美邦含社保费的 $taxB$,可以发现从 2013 年开始,税费负担就比较重,在 2014 年、2015 年、2016 年都达到非常高的水平。

二、以国有企业东方航空为例

东方航空(股票代码 600115)是中国三大国有大型骨干航空企业之一,因而我们选择东方航空作为国有企业的代表。

附录表 2-2 反映了 2010—2016 年东方航空总收入和总成本

的情况。可以看出,其营业收入呈逐年递增的趋势,平均增长率达到3.86%。与此同时,其营业成本也在不断增加,平均增长率达

附录表2-2　东方航空(600115)有关收入成本及社保费用的情况

项目	序号及计算方法	2013年	2014年	2015年	2016年
营业收入(亿元)	(1)	880.09	897.46	938.44	985.60
营业成本(亿元)	(2)	891.37	902.99	938.71	979.58
营业利润(亿元)	(3)=(2)-(1)	-11.28	-5.53	-0.27	6.02
利润总额(亿元)	(4)	22.20	41.20	56.71	65.07
所得税费用(亿元)	(5)	1.24	5.73	6.24	15.42
税金及附加(亿元)	(6)	3.06	1.07	1.78	2.37
短期薪酬(亿元)	(7)	98.19	118.36	132.41	156.39
社保费用(亿元)(不含公积金)	(8)	16.30	18.77	19.42	21.00
短期薪酬/营业利润(%)	(9)=(7)/(3)	-870.48	-2 140.33	-49 040.74	2 597.84
短期薪酬/利润总额(%)	(10)=(7)/(4)	442.30	287.28	233.49	240.34
社保费用/短期薪酬(%)	(11)=(8)/(7)	16.60	15.86	14.67	13.43
社保费用/营业利润(%)	(12)=(8)/(3)	-144.50	-339.42	-7 192.59	348.84
社保费用/利润总额(%)	(13)=(8)/(4)	73.42	45.56	34.24	32.27
$taxB$(%)	(14)=[(5)+(6)]/(4)	19.37	16.50	14.14	27.34
$taxB$(含社保费,%)	(15)=[(5)+(6)+(8)]/(4)	92.79	62.06	48.39	59.61

注:① 营业利润=营业收入-营业成本,利润总额为合并利润表中的"利润总额"科目。
② 短期薪酬为财务报表附注中"应付职工薪酬"下的"短期薪酬"项目下的"工资、奖金、津贴和补贴"。
③ 数据来源于东方航空年报。

到 3.20%，增长速度低于营业收入。因此，2013—2016 年，其营业利润呈增长趋势，但均为负数。利润总额为正且呈增长趋势，平均增长率高达 45.99%。短期薪酬均呈增长趋势，2013—2016 年平均增长率为 16.84%，可以看出东航在职工薪酬方面投入较多。在用工成本中，社保费用一直呈增长趋势，2013—2016 年平均增长率为 8.92%。社保费用在短期薪酬中的占比也呈下降趋势，平均占比 15.14%。2013—2016 年，社保费用占营业利润的比重极高，即使是利润为负的年份，企业依旧要缴纳不少的社保费。为与世界银行测算企业税负的口径保持一致，我们也测算了社保费用在利润总额中的占比，可以看出该占比在 2013 年之后逐渐下降，但是依旧保持在一个不低的水平上。根据世界银行计算企业税费负担的方法，我们也计算了东航 2013—2016 年含社保费的 $taxB$，其平均值为 65.71%，在 2013 年高达 92.79%。而且从 2013 年开始，社保费在利润总额中的比重高于税的比重。

根据世界银行和普华永道会计师事务所发布的关于全球企业税负情况的报告，我国的总税率为 68%，其中劳动力税率为 48.8%，这里的劳动力税率其实就是指社会保险缴费占企业利润的比率，可以看出企业的社会保险缴费负担很重。

附录表 2-3　2010—2016 年东方航空基金缴纳情况

年份	民航发展基金(亿元)	民航机场管理建设费(亿元)	民航基础设施建设基金(亿元)	应交税费(亿元)	基金在应交税费中的占比(%)
2010 年		5.85	3.42	15.19	61.03
2011 年	10.25			20.02	51.20
2012 年	10.94			17.56	62.30
2013 年	11.46			17.55	65.30

(续表)

年份	民航发展基金(亿元)	民航机场管理建设费(亿元)	民航基础设施建设基金(亿元)	应交税费(亿元)	基金在应交税费中的占比(%)
2014年	12.41			18.46	67.23
2015年	10.62			16.94	62.69
2016年	11.84			18.10	65.41

注：① 应交税费、民航发展基金、民航基础设施建设基金为财务报表附注中"应交税费"明细。
② 数据来源于东方航空年报。

另外，由于东方航空行业的特殊性，其缴纳的民航发展基金、民航基础设施建设基金、民航机场管理建设费都比较多，在应交税费中的比例都保持在50%~70%，可见缴纳的基金在东航的税费负担中占比较大。

附录3　上海市2019年行政事业性收费项目目录清单

附录表3-1　上海市2019年度涉企行政事业性收费目录清单

部门	收费项目名称	资金管理方式
交通	(1) 车辆通行费(限于政府还贷)：①申嘉湖高速公路；②嘉金高速公路；③沪常高速公路；④崇启通道(上海段) (2) 城市道路占用、挖掘修复费 (3) 道路运输管理证照工本费(限丢失、损坏补办) (4) 机动车道路停车费收费 (5) 岸线使用费：①内河岸线使用费；②港口岸线使用费 (6) 公路路产损坏赔(补)偿费 (7) 市政设施损坏赔偿费	缴入地方国库

(续表)

部门	收费项目名称	资金管理方式
经济信息	无线电频率占用费	缴入地方国库
农委	渔业资源增殖保护费	缴入中央和地方国库
水务	(1)废弃物海洋倾倒费 (2)水资源费 (3)污水处理费 (4)滩涂有偿使用费 (5)深井水水费 (6)超计划加价水费	除水资源费缴入中央和地方国库,其余缴入地方国库
规划和自然资源	(1)不动产登记收费:①不动产登记费;②不动产权属证书工本费 (2)耕地开垦费 (3)土地复垦费 (4)土地闲置费 (5)探矿权、采矿权使用费及价款收入 (6)外商投资企业场地使用费	缴入地方国库
绿化市容	(1)户外广告公共阵地使用费 (2)临时使用绿地补偿费 (3)绿化补建费 (4)绿地易地补偿费 (5)绿化补偿费	缴入地方国库
民防	民防工程建设费	缴入地方国库
药品监督	药品、医疗器械产品注册费:①国产药品注册费(包括补充申请注册费、再注册费);②境内第二类医疗器械产品注册费(包括首次注册费、变更注册费、延续注册费)	缴入地方国库
卫生健康	用血互助金和献血补偿金	缴入地方国库
公安	(1)证照费:①机动车号牌工本费(号牌专用固封装置、机动车号牌);②机动车行驶证、登记证、驾驶证工本费(含临时入境机动车号牌、行驶证以及临时驾驶许可) (2)犬类管理费	缴入地方国库
法院	诉讼费	缴入地方国库
市场监管	特种设备检验检测费	缴入地方国库
共计33项		

注:渔业资源增殖保护费、不动产登记收费,对小微企业免征;另外,药品、医疗器械产品注册费为经认定属于申请创新医疗器械产品注册的,免收其首次注册费。

参考文献

[1] 艾华,刘同洲.制造业税费负担剖析及缓解路径[J].税务研究,2019(1):94-98.

[2] 安体富,林鲁宁.宏观税负实证分析与税收政策取向[J].经济理论与经济管理,2002(5):26-31.

[3] 安体富,岳树民.我国宏观税负水平的分析判断及其调整[J].经济研究,1999(3):41-47.

[4] 财政部《税收制度国际比较》课题组.美国税制[M].北京:中国财政经济出版社,2000.

[5] 曹海娟.产业结构对税制结构动态响应的区域异质性——基于省级面板数据的PVAR分析[J].财经研究,2012(10):26-35.

[6] 陈明艺,李娜,王冬,等.异质类企业税收负担比较研究——基于上海上市公司样本[J].上海经济研究,2018(3).52-60.

[7] 陈明艺,王璐璐.长三角产业结构升级税负因素研究[J].上海经济研究,2019(1):70-80.

[8] 陈彦斌,陈惟.中国宏观税负的测算及启示[J].财经问题研究,2017(9):3-10.

[9] 陈钊,王旸."营改增"是否促进了分工:来自中国上市公司的证据[J].管理世界,2016(3):36-45,59.

[10] 储德银,纪凡.税制结构变迁与产业结构调整:理论诠释与中国经验证据

[J].经济学家,2017(3):70-78.

[11] 储德银,建克成.财政政策与产业结构调整——基于总量与结构效应双重视角的实证分析[J].经济学家,2014(2):80-91.

[12] 崔九九.企业税收负担度量理论模型评述及创新探讨[J].会计之友,2017(2):75-79.

[13] 崔向林,罗芳."互联网+"背景下上海市生产性服务业与制造业协调发展研究[J].上海经济研究,2017(11):68-74.

[14] 董根泰."营改增"降低了大中型企业税收负担吗?——基于浙江省上市公司数据的分析[J].经济社会体制比较,2016(3):94-104.

[15] 董根泰.我国宏观税负国际比较:一种基于可比性的分析[J].财贸经济,2014(4):30-37.

[16] 豆书龙,王小航,刘林.国际比较视角下中国企业社会保险负担研究[J].社会福利(理论版),2017(1):20-25,30.

[17] 杜莹芬,张金昌,李春瑜.中国工业企业税负研究[M].北京:经济管理出版社,2017.

[18] 范子英,彭飞."营改增"的减税效应和分工效应:基于产业互联的视角[J].经济研究,2017(2):82-95.

[19] 冯红霞.我国税负水平与降低企业税负的税改研究[D].济南:山东大学,2008. DOI:10.7666/d.y1349698.

[20] 高培勇.减税:中国的复杂性[J].国际税收,2016(1):26-27.

[21] 高艳杰.上海市企业年金税收优惠政策的成本研究——对企业年金税收支出的统计分析[D].上海:上海工程技术大学,2013.

[22] 高正彬,张开志,倪志良.减税能促进企业创新吗?——基于所得税分享改革的准自然实验[J].财政研究,2020(8):86-100.

[23] 龚辉文.关于降低制造业增值税税率的逻辑思考[J].税务研究,2020(2):5-10.

[24] 龚强,王璐颖,蔡东玲."营改增"对企业创新的影响研究[J].浙江社会科学,2016(8):41-47,59.

[25] 郭健.税收扶持制造业转型升级:路径、成效与政策改进[J].税务研究,2018(3):17-22.

[26] 何辰纯.三险合一背景下上海市社会保险费的征收优化研究[D].上海:上海师范大学,2016.

[27] 洪群,戴亦一.官员到访减轻了企业税收负担吗——来自中国上市公司的经验证据[J].当代财经,2018(1):111-121.

[28] 贾俊雪,秦聪,孙传辉,等.中央地方利益协调下减税政策的增收效应[J].中国工业经济,2019(6):79-97.

[29] 贾俊雪.税收激励、企业有效平均税率与企业进入[J].经济研究,2014(7):94-109.

[30] 贾康,梁季,刘薇,等.大国税改:中国如何应对美国减税[M].北京:中信出版社,2018.

[31] 蒋洪,朱萍.公共经济学(财政学)[M].上海财经大学出版社,2016.

[32] 康书隆,余海跃,王志强.平均工资、缴费下限与养老保险参保[J].数量经济技术经济研究,2017,34(12):143-158.

[33] 赖施云.三种口径评价我国宏观税负水平[J].时代金融,2017(12):25-26.

[34] 李开传.中国宏观税收负担衡量指标问题探究[J].中国物价,2011(12):14-16.

[35] 李林木,汪冲.税费负担、创新能力与企业升级——来自"新三板"挂牌公司的经验证据[J].经济研究,2017(11):119-134.

[36] 李炜光,臧建文.中国企业税负高低之谜:寻找合理的企业税负衡量标准[J].南方经济,2017(2):1-23.

[37] 李炜光,张林,臧建文.民营企业生存、发展与税负调查报告[J].学术界,2017(2):5-13,322.

[38] 李香菊,祝丹枫.财税政策波动如何影响中国制造业转型升级——基于信息不对称和目标冲突视角的分析[J].财贸研究,2018(11):15-30.

[39] 李旭红.因时制宜:70年来税制改革之路[N].中国财经报,2019-09-24.

[40] 李永友,严岑.服务业"营改增"能带动制造业升级吗?[J].经济研究,2018(4):18-31.

[41] 梁东黎,刘和东.税收-税率结构对企业部门税负的影响研究[J].东南大学学报(哲学社会科学版),2012,14(3):32-37,126.

[42] 梁云凤,郭迎锋,王成仁.税费改革:支持实体经济发展研究[M].北京:经济管理出版社,2019.

[43] 林赞,李大明,邱世峰.宏观税负的国际比较:1994~2007年——基于OECD的概念界定[J].学习与实践,2009(1):29-33.

[44] 刘崇珲,陈佩华.我国宏观税负和微观税负差异分析[J].税务研究,2018(4):101-103.

[45] 刘建民,唐红李,吴金光.营改增全面实施对企业盈利能力、投资与专业化分工的影响效应——基于湖南省上市公司PSM-DID模型的分析[J].财政研究,2017(12):75-88.

[46] 刘骏,刘峰.财政集权、政府控制与企业税负——来自中国的证据[J].会计研究,2014(1):21-27,94.

[47] 刘蓉,寇璇,徐应越,等.关于中国非税收入优化的政策建议——基于中美非税收入结构的比较分析[J].财经智库,2017,2(6):62-75,141-142.

[48] 娄汇丰.关于自贸区税收体制的思考——以上海自贸区税收优惠政策为例[J].经济研究导刊,2016(19):65-67.

[49] 路锦非.合理降低我国城镇职工基本养老保险缴费率的研究——基于制度赡养率的测算[J].公共管理学报,2016,13(1):128-140,159.

[50] 吕冰洋,等.轻与重:中国税收负担全景透视[M].北京:中国金融出版社,2019.

[51] 罗帅.我国企业税收负担水平实证研究[D].成都:西南财经大学,2014.

[52] 毛捷,曹婧,杨晨曦.营改增对企业创新行为的影响——机制分析与实证检验[J].税务研究,2020(7):12-19.

[53] 倪婷婷,王跃堂,王帅."营改增"改革、产业联动与制造业升级——基于减税与生产性服务业集聚的机制检验[J].上海财经大学学报,2020(4):

19-31.

[54] 倪婷婷,王跃堂.投资者认可增值税改革吗?——基于全面增值税转型和"营改增"的经验证据[J].上海财经大学学报,2016(6):42-53,65.

[55] 潘文轩."营改增"试点中部分企业税负"不减反增"现象分析[J].财贸研究,2013,24(1):95-100.

[56] 潘文轩."营改增"试点中部分企业税负"不减反增"现象释疑[J].广东商学院学报,2013,28(1):43-49.

[57] 庞凤喜,潘孝珍.我国企业税费负担状况分析及改革建议[J].会计之友,2014(20):107-115.

[58] 庞凤喜,杨雪.优化我国税收营商环境研究——基于世界银行2008—2018年营商环境报告中国得分情况分析[J].东岳论丛,2018(12):124-131,19.

[59] 庞凤喜,张念明.宏观税负、税负结构与结构性减税研究[M].北京:经济科学出版社,2016.

[60] 庞凤喜,张念明.论我国税制改革、征管改革面临的困境及其化解[J].财政经济评论,2014(2):80-88.

[61] 庞凤喜.税收原理与中国税制[M].北京:中国财政经济出版社,2020.

[62] 庞金伟.我国企业所得税负担研究[M].上海:上海财经大学出版社,2015.

[63] 彭颖,毕晓航.上海郊区高端制造业支持机制研究[J].科学发展,2017(8):27-36.

[64] 朴姬善.对吉林省上市公司税收负担影响因素的实证分析[J].东疆学刊,2005(4):110-113.

[65] 朴姬善.实证分析我国上市公司企业规模与税收负担[J].延边大学学报(社会科学版),2005(3):67-70.

[66] 钱金保,常汝用."死亡税率"还是言过其实——中国企业微观税负测度[J].地方财政研究,2018(1):62-70.

[67] 乔俊峰,张春雷."营改增"、税收征管行为和企业流转税税负——来自中国上市公司的证据[J].财政研究,2019(7):77-89.

[68] 申广军,陈斌开,杨汝岱.减税能否提振中国经济?——基于中国增值税改革的实证研究[J].经济研究,2016(11):74-86.

[69] 世界经济论坛.2017—2018全球竞争力报告指数[R].2017.

[70] 世界银行.2018年营商环境报告:改革以创造就业[R].2017.

[71] 世界银行和普华永道事务所.缴税2016[R].2016.

[72] 苏浽宇.我国宏观税收负担的三口径分析[J].山西财税,2017(12):22-24.

[73] 孙伊凡,孙健夫.关于企业年金税收优惠政策的几个问题[J].税务研究,2015(10):48-53.

[74] 孙玉栋,孟凡达.我国小微企业税费负担及优惠政策的效应分析[J].审计与经济研究,2016,31(3):101-110.

[75] 谭光荣,林信芳.中小企业实际所得税率影响因素分析[J].湖南师范大学社会科学学报,2012,41(5):102-105.

[76] 童锦治,苏国灿,魏志华."营改增"、企业议价能力与企业实际流转税税负——基于中国上市公司的实证研究[J].财贸经济,2015,36(11):14-26.

[77] 王刚.老龄化背景下开征社会保障税的研究[D].云南财经大学,2017.

[78] 王静.关于我国开征社会保障税的研究[D].首都经济贸易大学,2017.

[79] 王娜.我国企业所得税税负及效应研究[M].北京:经济管理出版社,2018.

[80] 王珮,董聪,徐潇鹤,等."营改增"对交通运输业上市公司税负及业绩的影响[J].税务研究,2014(5):8-12.

[81] 王新红,云佳.营改增对交通运输业上市公司流转类税负及业绩的影响研究[J].税务与经济,2014(6):76-82.

[82] 吴联生.国有股权、税收优惠与公司税负[J].经济研究,2009,44(10):109-120.

[83] 吴珊,李青.当前我国企业宏观税负水平与结构研究——企业宏观税负的国际比较及政策启示[J].价格理论与实践,2017(1):31-35.

[84] 吴天菡.我国社会保险缴费率水平分析[D].北京交通大学,2014.

[85] 吴玉霞.宏观税负统计口径分析[J].中国统计,2007(5):55-56.

[86] 吴祖光,万迪昉,罗进辉.市场化程度、代理成本与企业税收负担——基于不同产权主体的研究[J].经济管理,2011,33(11):1-8.

[87] 吴祖光,万迪昉.产权性质、债务融资与盈余质量——来自我国制造业上市公司的经验证据[J].经济管理,2011,33(5):129-136.

[88] 物联网.2017年全国机器人企业数量大排名报告[R].2018.

[89] 肖严华,张晓娣,余海燕.降低社会保险费率与社保基金收入的关系研究[J].上海经济研究,2017(12):57-65.

[90] 胥元元,聂恺.浅谈企业建立企业年金的利弊[J].经济管理:文摘版,2016(4).

[91] 徐超,庞保庆,张充.降低实体税负能否遏制制造业企业"脱实向虚"[J].统计研究,2019(6):42-53.

[92] 徐梅,刘芬红.基于产业结构视角的消费税改革探讨[J].财会通讯,2016(1):14-16.

[93] 徐润,陈斌开.个人所得税改革可以刺激居民消费吗?——来自2011年所得税改革的证据[J].金融研究,2015(11):80-97.

[94] 闫婉姝,曾剑宇,何凡.企业税负、产权性质与盈余管理——来自中国上市公司的证据[J].投资研究,2017(8):100-116.

[95] 杨灿明,詹新宇.中国宏观税负政策偏向的经济波动效应[J].中国社会科学,2016(4):71-90,206-207.

[96] 杨君昌,储敏伟.财政学[M].北京:高等教育出版社,2000.

[97] 杨俊."统账结合"养老保险制度最优缴费率研究[J].社会保障评论,2017(3):32-40.

[98] 杨烨军.中国宏观税负水平测度与结构优化研究[M].北京:经济科学出版社,2019.

[99] 杨志勇.大国轻税[M].广东:广东经济出版社,2018.

[100] 尹音频.金融业流转税负的影响因素分析[J].财经科学,2003(1):

65-69.

[101] 袁宏伟.企业税收负担与投资结构的关系研究——基于我国上市公司有效税率的测度[J].中央财经大学学报,2010(10):7-12.

[102] 袁建国,胡明生,唐庆.营改增对企业技术创新的激励效应[J].税务研究,2018(3):44-50.

[103] 岳松,陈昌龙.财政与税收[M].清华大学出版社,2010.

[104] 张斌.减税降费的理论维度、政策框架与现实选择[J].财政研究,2019(5):7-16.

[105] 张继彤,朱佳玲.税收政策对我国制造业创新激励的影响研究[J].南京审计大学学报,2018(6):47-54.

[106] 张军.为什么企业感受到的税负高于计算水平[J].现代国企研究,2017(7):77-79.

[107] 张伦俊,李淑萍.规模以上工业企业的行业税负研究[J].统计研究,2012,29(2):66-72.

[108] 张敏,叶慧芬,童丽静.财政分权、企业税负与税收政策有效性[J].经济学动态,2015(1):42-54.

[109] 张侠,刘小川.中国宏观税负合理性分析——基于国际比较视角[J].开发研究,2014(5):110-113.

[110] 张瑶,朱为群.中国三次产业税负的数理分析[J].上海经济研究,2016(12):44-52,60.

[111] 赵全厚.论公共收费[M].北京:经济科学出版社,2007.

[112] 中国财政科学院研究院课题组.降成本:2019年的调查与分析[M].北京:中国财政经济出版社,2020.

[113] 中华人民共和国财政部.2020年政府收支分类科目[M].上海:立信会计出版社,2019.

[114] 周颖.中国税负是否过重——基于三种衡量指标视角的分析[J].市场周刊:理论研究,2008(2):144-145.

[115] 朱为群,张瑶.我国企业税负"痛感"凸显之谜探析[J].南方经济,

2017(6):44-52.

[116] 朱为群.中国税制[M].北京:高等教育出版社,2020.

[117] Adhikari A, Derashid C, Zhang H. Public Policy, Political Connections, and Effective Tax Rates: Longitudinal Evidence from Malaysia [J]. Journal of Accounting & Public Policy, 2006, 25(5):574-595.

[118] Aghion P, Dechezleprêtre A, Hémous D, etc. Carbon Taxes, Path Dependency, and Directed Technical Change: Evidence from the Auto Industry [J]. Journal of Political Economy, 2016(2):78-85.

[119] Dan S, Dhaliwal, Fabio B, etc. Historical Cost, Inflation, and the U.S. Corporate Tax Burden [J]. Journal of Accounting and Public Policy, 2015, 34(5): 467-489.

[120] Fernández-Rodríguez E, Martínez-Arias A. Determinants of the Effective Tax Rate in the BRIC Countries [J]. Emerging Markets Finance and Trade, 2014, 50 (sup3).

[121] Gupta S, Newberry K. Determinants of the Variability in Corporate Effective Tax Rates: Evidence from Longitudinal Data [J]. Journal of Accounting & Public Policy, 1997, 16(1):1-34.

[122] Kim K A, Limpaphayom P. Taxes and Firm Size in Pacific-Basin Emerging Economies [J]. Journal of International Accounting, Auditing and Taxation, 1998, 7(1): 47-68.

[123] Ma J, Zhang X, Tao F, Luo F, etc. Tax Arrangement and Regional Industrial Restructuring: Evidence from Panel Data in China [J]. Mathematical Problems in Engineering, 2016.

[124] Minnick K, Noga T. Do Corporate Governance Characteristics Influence Tax Management? [J]. Journal of Corporate Finance, 2010, 16(5): 703-718.

[125] Porcano T M. Corporate Tax rates: Progressive, Proportional, or Regressive [J]. Journal of the American Taxation Association, 1986, 7

(2):17-31.

[126] Reny P, Wilkie S, Williams M A. Tax Incidence under Imperfect Competition: Comment [J]. International Journal of Industrial Organization, 2013, 30(5):399-402.

[127] Richardson G, Lanis R. Determinants of the Variability in Corporate Effective Tax Rates and Tax Reform: Evidence from Australia [J]. Journal of Accounting & Public Policy, 2007, 26(6): 689-704.

[128] Shevlin T. Taxes and Off-Balance-Sheet Financing: Research and Development Limited Partnerships [J]. Accounting Review, 1987, 62(3):480-509.

[129] Stickney C P, Mcgee V E. Effective Corporate Tax Rates the Effect of Size, Capital Intensity, Leverage, and Other Factors [J]. Journal of Accounting and Public Policy, 1982, 1(2):125-152.

[130] Stickney C P, Mcgee V E. Effective Corporate Tax Rates the Effect of Size, Capital Intensity, Leverage, and Other Factors [J]. Journal of Accounting and Public Policy, 1982, 1(2):125-152.

[131] Wilkie P. Corporate Average Effective Tax Rates and Inferences about Relative Tax Preferences [J]. Journal of the American Taxation Association, 1988, 10(1):75-88.

[132] Yang Feng. Research on Tax Burden and Industrial Structure Optimization of Guangdong Province [J]. Open Journal of Social Sciences, 2016, 4(2): 108-114.

[133] Zimmerman J L. Taxes and firm size [J]. Journal of Accounting & Economics, 1983, 5(2):119-149.

后 记

本书是笔者在2017年主持并已结项的上海哲学社会科学规划系列课题的基础上,经过两年的拓展、深化和修改后完成的。在2017年秋至2018年春短短六个月的课题研究过程中,课题组成员上海理工大学的于谦龙、胡海生老师,2015级研究生李倩、李娜,2017级研究生王冬、孙许林、沈倩等都付出了巨大努力,为课题保质保量顺利完成提供了大量有益支持,在此深表感谢。

2018年3月提交结项报告后,笔者继续跟踪减税降费问题,增加了理论分析、国际比较与借鉴,并在修改内容、更新数据后形成本书书稿。在此过程中,李倩、王冬、孙许林继续协助我搜集整理和更新数据,做了大量工作,在此一并表示感谢。全书由笔者执笔定稿。

在课题的研究和书稿的完成过程中,感谢魏陆博士、龚刚敏博士、刘雪梅博士、刘守刚博士给予的指导,他们提出了宝贵的建议。

本书的出版感谢复旦大学出版社王联合老师、李荃老师的支持和包容。

在我国深化供给侧结构性改革的进程中,因地域、文化、经济、社会等方面的综合原因,各地区差异进一步显现。在执行国家相关政策的同时,上海如何结合本地发展目标和阶段性特征,确立精准的减税降费政策是必须回答的问题。为此,本书在梳理国内外已有研究成果的基础上,以问题为导向,从税收负担的理论基础及构成入手,研究上海企业实际税费负担,发现症结所在,提出降低企业成本、优化税收政策的建议,以笔者的微薄努力为企业发展、税制优化增添推动的力量。恳请读者批评指正。

陈明艺

2020年10月

图书在版编目(CIP)数据

上海推进供给侧结构性改革中的税费问题研究/陈明艺著. —上海:复旦大学出版社,2020.12
ISBN 978-7-309-14684-4

Ⅰ.①上… Ⅱ.①陈… Ⅲ.①地方税收-税收改革-研究-上海 Ⅳ.①F812.751.042.2

中国版本图书馆 CIP 数据核字(2020)第 222758 号

上海推进供给侧结构性改革中的税费问题研究
陈明艺 著
责任编辑/岑品杰 李 荃

复旦大学出版社有限公司出版发行
上海市国权路 579 号 邮编:200433
网址: fupnet@fudanpress.com http://www.fudanpress.com
门市零售: 86-21-65102580 团体订购: 86-21-65104505
外埠邮购: 86-21-65642846 出版部电话: 86-21-65642845
上海四维数字图文有限公司

开本 890×1240 1/32 印张 7.125 字数 166 千
2020 年 12 月第 1 版第 1 次印刷

ISBN 978-7-309-14684-4/F·2644
定价: 49.00 元

如有印装质量问题,请向复旦大学出版社有限公司出版部调换。
版权所有 侵权必究